HEYNE <

Das Buch

»Während mein Körper für neun Tage im Koma lag, wurde ich in Welten geführt, die all meine menschlichen Vorstellungen sprengten. Hier durfte ich ganz bewusst in mein eigenes, viel größeres, umfassenderes und weiseres Ich eintauchen, welches seither ständig mit mir in Verbindung steht.

In diesen neun Tagen erhielt ich eine umfassende Schulung über den Sinn und die Zusammenhänge meines Lebens, tauchte in die Quelle der Schöpfung ein und fand sie schließlich in jeder meiner Zellen wieder.« Anke Evertz

Anke Evertz' Erfahrungen nehmen die Angst vor dem Tod – vor allem aber vor dem Leben. Sie sind ein eindrückliches Zeugnis dafür, dass wir alle mit einem größeren Ganzen verbunden sind sowie innerlich frei, selbstbestimmt und bewusster leben können, wenn wir uns nur dafür öffnen …

Die Autorin

Schon seit frühester Kindheit stellte sich Anke Evertz tiefgehende Fragen über den Sinn des Lebens, die ihr allerdings niemand wirklich beantworten konnte. Das änderte sich schlagartig: Im September 2009 erlebte sie, infolge eines Brandunfalls, eine außergewöhnlich umfassende Nahtoderfahrung. Die beeindruckenden Erkenntnisse, die sie in dieser Zeit erhielt, veränderten ihren Blick auf das Leben und den menschlichen Körper von Grund auf. Nachdem sie ihr eigenes, unerschöpfliches Potenzial erst einmal erfahren hatte, war es ihr nicht mehr möglich, in ihre frühere, begrenzte Denk- und Lebensweise zurückzukehren. Seither erlebt Anke Evertz das Leben als ein einziges Wunder und teilt ihre Erfahrung in Kursen, Seminaren, als Top-Speakerin auf spirituellen Kongressen sowie in ihrem Podcast Seelencafé mit anderen Menschen. Sie ist verheiratet, hat zwei erwachsene Kinder und lebt im Bayerischen Wald.

Weitere Informationen: www.anke-evertz.com

ANKE EVERTZ

Neun Tage Unendlichkeit

Was mir im Jenseits über das Bewusstsein, die körperliche Existenz und den Sinn des Lebens gezeigt wurde

Eine außergewöhnliche Nahtoderfahrung

Wilhelm Heyne Verlag
München

FSC www.fsc.org
MIX
Papier | Fördert gute Waldnutzung
FSC® C014496

Penguin Random House Verlagsgruppe FSC® N001967

5. Auflage
Taschenbucherstausgabe 09/2023

Neumarkter Straße 28, 81673 München
produktsicherheit@penguinrandomhouse.de
(Vorstehende Angaben sind zugleich Pflichtinformationen nach GPSR)

Redaktion: Sabine Zürn
Umschlaggestaltung: Guter Punkt, München,
unter Verwendung eines Motivs von
© Shutterstock Images LLC/Zffoto/shutterstock
Satz: Satzwerk Huber, Germering
Druck und Bindung: GGP Media GmbH, Pößneck
Printed in Germany
ISBN 978-3-453-70471-8

www.heyne.de

Inhalt

Neugeburt

Der Weg zum Wahren Ich

Du Wunder

Du Wunder auf zwei Beinen
Du Wunder mit deinem mächtigen Geist
Du Wunder der bewussten Schöpfung …
Erinnere dich!

Du Wunder auf zwei Beinen …
Du Wunder mit deiner unerschöpflichen Kreativität
Bist du dir bewusst, dass du in jedem Moment die Macht der Wahl hast?

Du Wunder auf zwei Beinen …
Du Wunder mit deiner unbeschränkten Macht …
Nutzt du die Macht deines Geistes?
Auf was richtest du deine Aufmerksamkeit?

Hör auf, so zu tun, als seist du hilflos!
Hör auf, so zu tun, als seist du machtlos!
Hör auf, so zu tun, als seist du klein, abhängig, gebunden oder unfähig!
Du Wunder auf zwei Beinen …
Du Wunder mit deiner grenzenlosen Schöpferkraft …
Wach auf aus deinem Traum, und erinnere dich!

Du bist nur deshalb hier!

Vorwort

Meine Geschichte begann in dem Moment, als mein Körper in Flammen stand und ich begriff, dass ich ernsthaft in Schwierigkeiten war. Noch heute höre ich das Lodern der Flammen, die mir erbarmungslos ins Gesicht schlugen, und spüre die Luft, die brennend heiß in meinen Lungen schmerzte. Ich befand mich in exakt jenem Zustand, in dem man mit offenen Augen eine Katastrophe auf sich zukommen sieht und begreift, dass es nichts mehr gibt, um das Unvermeidliche abzuwenden.

Mein gesamter Körper brannte lichterloh. Das Feuer hatte sich unaufhaltsam von den Beinen über die Hüften bis zu meinem Oberkörper durch meine dünne Sportkleidung gefressen, und ich hörte das laute Knistern und Zischen, als es meine langen dicken Haare und mein Gesicht erfasste. Es war zu spät! All meine verzweifelten Anstrengungen, der Situation noch zu entkommen, die sich einige Minuten vorher so harmlos angebahnt hatte, waren fehlgeschlagen, und mir war absolut klar: Gleich sterbe ich! Doch statt Angst oder gar Panik löste diese Erkenntnis eine unendliche Ruhe und tiefe Gelassenheit in mir aus. Alle Anspannung schien von mir abzufallen, als statt der ersehnten Luft heiße Flammen meinen Rachen füllten, wie selbstverständlich von dem Gedanken begleitet: Was auch immer nun auf mich zukommen mag, ich bin bereit!

Was danach geschah, kann ich mir auch heute nicht erklären, doch ich weiß, dass genau zu diesem Zeitpunkt die wundervollste und erkenntnisreichste Reise meines Lebens begann.

Als hätte es nur dieses einen Gedanken bedurft, verließ ich in jenem Bruchteil einer Sekunde meinen brennenden Körper und befand mich auf einmal fast zwei Meter von ihm entfernt. Eine unbeschreibliche Neutralität überkam mich, als ich staunend zur Decke hinaufblickte und sah, wie der Ruß der Flammen sie schwarz färbte. Mein lichterloh brennender Körper begann, zu torkeln und mit den Armen irgendeinen Halt zu suchen, doch ich konnte ihn kaum noch erkennen. Ich sah nur die gnadenlosen Flammen und spürte die wahnsinnige Hitze, die von ihnen ausging. Mir selbst ging es dabei allerdings recht gut. Gut ist vielleicht das falsche Wort dafür, aber auf jeden Fall spürte ich weder Schmerzen noch Angst, sondern fühlte mich wie ein neutraler Beobachter der ganzen Szenerie. Ich sah, wie mein Sohn ins Wohnzimmer stürzte und sich auf seine brennende Mutter warf, wie der Notarzt kam, begleitete meinen Körper in den Hubschrauber und ins Krankenhaus. Ich verfolgte die Bemühungen der Ärzte, mein Leben zu retten, nahm wahr, wie sie meinen Körper in ein künstliches Koma legten, und wunderte mich höchstens darüber, dass keiner von ihnen die Zeit fand, meine Fragen zu beantworten. Irgendwie gab es mich ab diesem einschneidenden Moment zweimal, wobei ich zu meinem Körper kaum noch eine Beziehung verspürte.

Das größte Geschenk an dieser Erfahrung war allerdings nicht, dass ich endlich meinen Körper verlassen hatte, sondern viel eher, was sich dann in diesem körperlosen, grenzenlosen Bewusstseinszustand ereignete.

Während mein physischer Körper für neun Tage mit schwersten Verbrennungen um sein Überleben kämpfte, fühlte ich mich lebendiger denn je. Ich hielt mich in einer Welt auf, die jenseits all meiner menschlichen Vorstellungen lag, tauchte in Wirklichkeiten ein, die ich nie für möglich gehalten hatte, und fand dadurch mich selbst. Was mir damals natürlich nicht bewusst sein konnte, ist mir heute umso klarer: Ich bin an jenem kühlen Septemberabend für mich selbst durchs Feuer gegangen – im wahrsten Sinne des Wortes –, um neun Tage später als neuer Mensch zurückzukehren.

Das Geschenk des Todes

Wenn ich heute gefragt werde, wer ich bin, kann ich darauf nur noch sehr schwer eine Antwort geben. Nicht, weil ich es nicht weiß, sondern viel eher, weil es einfach keine Antwort auf diese Frage gibt, die sich mit ein paar knappen Sätzen ausdrücken lässt.

Am liebsten würde ich bei dieser Frage mit leuchtenden Augen antworten: »Ich bin ALLES!«, doch das habe ich bisher nur sehr selten getan. Stattdessen bin ich vorsichtig und antworte höchstens: »Ich bin ein Mensch mit zwei Leben. Einem Leben vor und einem Leben nach meinem Tod.«

Wenn ich versuche, mich an mein früheres Leben – das vor jenem Ereignis – zurückzuerinnern, fällt mir auch das unglaublich schwer. Es strengt mich an, weil ich mir kaum noch eine Situation oder ein Erlebnis von damals ins Gedächtnis rufen kann. Es fühlt sich an, als sei all das unfassbar weit weg oder als beträfe es das Leben eines anderen Menschen. Mein früheres Leben wirkt wie eine alte Aufzeichnung auf mich, die aber mittlerweile mit etwas Neuem, wesentlich Wertvollerem überschrieben wurde.

Ich weiß noch, dass ich mich früher wie eine Marionette fühlte, die sich im Laufe ihres Lebens sehr erfolgreich in einen

Dauerzustand der inneren Leere hineinmanövriert hatte. Ich existierte zwar, aber eher wie ein intelligenter Roboter, der brav funktioniert und all das tut, was er sich selbst beigebracht hat. Ohne Inhalte und ohne ein wirkliches Bewusstsein für mich selbst. Damals fühlte ich mich von einem Zustand der Erfüllung und des Glückes unendlich weit entfernt. Ich weiß noch, dass ich immer »raus« wollte. Raus aus meinem Körper, raus aus meinen Gefühlen und vor allem raus aus dem Leben selbst, das ich als unendlich schwer empfand.

Heute blicke ich sehr liebevoll auf die Frau zurück, die ich damals war. Sie, die keine Ahnung davon hatte, dass es mich jemals in ihrem Leben geben wird. Sie fühlte sich wertlos, ungeliebt und unendlich einsam. Da sie sich im Laufe ihres Lebens immer mehr selbst verloren hatte, suchte sie ihren Halt im Außen und lebte ein Leben, welches stark auf materielle Sicherheit und Prestige ausgerichtet war. Die Frau von damals manövrierte sich selbst in immer enger werdende Sackgassen hinein, bis sie sich schließlich vor einer dunklen, undurchlässigen Wand befand. Sie hatte verlernt, ihrer inneren Stimme zu lauschen, und vergessen, was sie glücklich machte oder gar erfüllte.

Während mein Körper für neun Tage im Koma lag, wurde ich in Welten geführt, die all meine menschlichen Vorstellungen sprengten. Hier durfte ich ganz bewusst in mein eigenes, viel größeres, umfassenderes und weiseres Ich eintauchen, welches seither ständig mit mir in Verbindung steht.

In diesen neun Tagen erhielt ich eine umfassende Schulung über den Sinn und die Zusammenhänge meines Lebens, tauchte in die Quelle der Schöpfung ein und fand sie schließlich in jeder meiner Zellen wieder.

Durch den gewandelten Blick auf mich selbst entschied ich mich bewusst ein zweites Mal für mein Leben, und seither komme ich aus dem Staunen nicht mehr heraus. Ich fühle mich grenzenlos, frei und voller Freude. Ich fühle mich sowohl in meinem Körper durch und durch zu Hause als auch mit meinem *Wahren Ich* verbunden, dem ich die Lenkung meines Lebens übertragen habe. Meinen Körper lasse ich genau das machen, was sich für ihn gut anfühlt, und ich selbst folge ihm einfach dabei. Auch das Wort »müssen« spielt in meinem Leben kaum noch eine Rolle, denn ich habe aufgehört, funktionieren zu wollen. Alle alten Konzepte von Ehrgeiz und Motivation machen keinen Sinn mehr, stattdessen gestaltet sich mein Leben aus meiner inneren Fülle und Freude heraus ganz von selbst. Ich habe gelernt, alles auf mich zukommen zu lassen, was sich durch mich ausdrücken möchte, und mich diesem Fluss nicht mehr in den Weg zu stellen. Genau dadurch erfahre ich mein Leben heute als ein einziges Wunder und bin mir selbst unendlich dankbar, dass ich mich auf diesen Wandel so bewusst eingelassen habe. Auch erfüllt mich jeder einzelne Moment mit unendlicher Dankbarkeit, egal ob er sich gerade gut anfühlt oder eher nicht so gut. Ich lebe im JETZT. Dadurch hat natürlich auch mein Verstand eine ganz neue Rolle in meinem Leben eingenommen. Ich plane nichts mehr, hinterfrage nichts mehr und lasse mir von meinem Leben all die Möglichkeiten meiner weiteren Entfaltung in die Hände legen. Aus meinem früheren Nein mir selbst gegenüber ist ein lautes »JA!« geworden, und das begeistert mich jeden Tag aufs Neue.

Unsere gemeinsame Reise

Glaubst du eigentlich noch an Wunder? Hast du dir die Gewissheit bewahrt, dass du Teil eines umfassenden Wunders bist? Teil einer unerschöpflichen Quelle der Kreativität und der grenzenlosen Möglichkeiten? Spürst du tief in dir, dass dir dein Leben in Wahrheit viel mehr zu bieten hat als das, was sich dir bis jetzt offenbarte? Weißt du, warum du hier bist?

Jedenfalls nicht, um dich klein und ohnmächtig zu fühlen. Du bist nicht hier, um irgendeine Schuld oder Strafe abzutragen, und auch nicht, um eine Prüfung zu bestehen. Du bist auch nicht allein und von allem getrennt, nach dem du dich so sehr sehnst, selbst wenn es sich so anfühlen mag. Niemand hat dich vergessen, richtet über dich oder erwartet etwas von dir. Und du bist auch nicht hier, um die Stufen einer Erfolgsleiter zu erklimmen oder einen Lohn für deine Taten zu bekommen.

Du bist hier, um dich an all das zu erinnern, was schon immer ein untrennbarer Teil von dir war und immer sein wird. Du bist hier, um deine grenzenlose Schöpferkraft anzuerkennen und dich nicht mehr vor dir selbst zu verstecken. Du bist hier, um dein Bewusstsein in all die Bereiche auszudehnen, die dir zur Verfügung stehen, und dadurch dich selbst und die Welt zu bereichern!

Mein Wunsch ist es, dich an all das zu erinnern, was dich WIRKLICH ausmacht, und die Schleier zu lüften, die das helle Licht verdecken, das in jeder einzelnen deiner 80 Billionen Zellen auf Entdeckung wartet.

Diese Reise, um die es hier geht, ist meine ganz persönliche Reise – und gleichzeitig auch DEINE! Denn wir beide stammen aus derselben Heimat. Wir beide haben uns für dieses Leben ganz ähnliche Herausforderungen ausgesucht, und auch wenn sie sich auf der einen oder anderen Ebene unterscheiden mögen, sind sie doch in ihrem Ursprung gleich. Wir wollten Erfahrungen machen und herausfinden, wie wir die Herausforderungen des Lebens meistern können, nachdem wir vergessen hatten, wer wir wirklich sind. Es ist ein bisschen so, als hätten wir Verstecken gespielt und die Anbindung an unsere seelische Heimat vergessen.

Meine eigene unbewusste Suche sollte mich an genau diesen einschneidenden Punkt an jenem Tag bringen, durch den ich mich wieder an meinen Seelenplan und meine Heimat erinnern konnte. An diesem unendlich kostbaren Augenblick meines Lebens machte ich mich von meinem Ausflug in die Unbewusstheit wieder auf den *Rückweg* nach Hause. Ich durfte meine eigene göttliche Natur wiederentdecken und mich an all das erinnern, was ich wirklich bin.

Ich brauchte nicht geheilt zu werden.
Ich brauchte mich nur zu erinnern!

Wie dieses Buch entstand

»Neun Tage Unendlichkeit« schrieb sich innerhalb kürzester Zeit fast wie von selbst. Ja ich habe sogar den Eindruck, es besitzt eine ganz eigene Dynamik, die ich selbst auch jetzt noch nicht ganz verstehe. Es waren sehr viele sogenannte »Zufälle« nötig, bis ich bereit war, mich seiner Entstehung nicht mehr in den Weg zu stellen. Ich hatte nämlich niemals vor, über meine Erfahrungen zu schreiben. Auch hatte ich nur mit wenigen Menschen über meine Geschichte gesprochen. Und wenn doch der Gedanke ans Schreiben aufkam, hatte ich jedes Mal das Gefühl, niemals die richtigen Worte für etwas so Unbeschreibliches finden zu können. Ein Gefühl, das sich übrigens auch nach der Fertigstellung des Manuskriptes nicht unbedingt verändert hat.

Als ich die ersten Seiten geschrieben hatte, merkte ich schnell, dass es mir unmöglich war, mit dem Kopf an die ganze Sache heranzugehen. Sobald ich über Vergangenes nachdachte oder bestimmte Formulierungen suchte, bekam ich Kopfschmerzen. Je mehr ich mich bemühte, die – aus meiner Sicht – passenden Worte zu finden, umso blockierter fühlte ich mich. Das endete dann entweder in Migräne, oder ich klappte den Laptop noch rechtzeitig zu. Unzählige Male geschah es aber auch, dass ich urplötzlich mitten in der Nacht wach wurde und mich mit einer dampfenden Tasse Kaffee vor meinen Computer setzte. Die Finger flogen dann meist nur so über die Tastatur, und die Seiten füllten sich, ohne dass ich mich selbst wirklich anwesend fühlte. Die meiste Zeit empfand ich mich sowieso viel mehr als eine neugierige Mitleserin und nicht als die Autorin dieses Buches.

Allerdings war mir von Anfang an mein Wunsch für dieses Buch klar. Ich wollte nicht einfach nur eine spannende Geschichte erzählen, die den Verstand mit neuen, wundersamen Erklärungen für etwas Unerklärliches füttert. Ich wollte tiefer gehen und mit meiner Geschichte das Herz der Leserinnen und Leser berühren. Mein Wunsch war, dass dieses Buch eine Brücke bilden möge zwischen unserer physischen Realität und der Heimat unserer Seele. Wenn ich könnte, wie ich wollte, würde ich jeden einzelnen Menschen auf dieser wundervollen Erde an die Hand nehmen und ihm zeigen – und vor allem empfinden lassen –, wer er in Wirklichkeit ist.

Das ist natürlich unmöglich, aber ich weiß, dass dieses Buch zu genau den Menschen finden wird, die bereit sind, hinter ihre Fassaden zu blicken. Ich weiß, dass es die Leser ab der ersten Seite an die Hand nehmen und genau über diese Brücke führen kann, von der ich eben sprach. Ich möchte dir davon erzählen, wer du *wirklich* bist. Denn es ist mein Herzenswunsch, dass auch du dich an deinen Ursprung erinnerst.

Das Buch möge dich darin unterstützen, dein Bewusstsein auszudehnen, und dich in Bereiche mitnehmen, die du bis heute vielleicht nur erahnt hast oder die über alles hinausgehen, was du bisher für möglich gehalten hast. Es kann gut sein, dass es deine bisherige Sicht auf dich selbst und dein Leben völlig auf den Kopf stellt. Vielleicht wirst du mich für verrückt halten, meine Worte infrage stellen oder – im traurigsten Falle – sogar alles als Quatsch abtun. All das kann geschehen, wenn du die Realitäten, in die ich dich mitnehmen werde, mit deinem Verstand zu erfassen versuchst. Es ist nämlich unvorstellbar schwer, wenn nicht gar unmöglich, mit einfachen Worten etwas eigentlich Unbeschreibliches für dich erfassbar zu machen. Worte sind dabei nur ein bescheidenes Hilfsmittel.

Das Buch birgt einen Schatz in sich, den es für jeden Menschen zu entdecken gilt, der ein erfülltes und mit sich selbst verbundenes Leben führen möchte. Es geht allerdings nicht um das herkömmliche »Glück«, nach dem so viele Menschen streben. Es geht tiefer und nimmt dich wesentlich weiter mit, als du vielleicht jemals in dich selbst eingetreten bist. Denn wir haben alle Zugang zur Schöpfung, die sich durch uns ausdrücken möchte.

Ich lade dich ein, die Worte zu lesen und die Schwingung darin zu spüren. Dieses Buch besteht nicht nur aus aneinandergereihten Worten, die eine spannende Geschichte erzählen. Es ist ein Weckruf! Dein Weckruf.

Bist du bereit, mit mir gemeinsam durchs Feuer zu gehen, um auch dich zu finden?

Der Wendepunkt meines Lebens

Ein Leben im Nebel

Als ich begriff, dass in diesem Leben nicht alles mit rechten Dingen zugehen kann, war ich noch relativ jung. Mein Gefühl sagte mir schon früh, dass hier irgendetwas falsch läuft. Irgendwie fühlte sich die Welt, in die ich hineingeboren worden war, alles andere als richtig für mich an, doch ich konnte mir nicht erklären, woran das lag. Sehr häufig vernahm ich zwar eine sanfte, leise Stimme in mir, die mir davon erzählte, dass ich lediglich aufwachen müsse, um die Welt so zu sehen, wie sie wirklich ist, doch niemand außer mir schien sie zu hören. Ich erinnere mich noch gut, dass ich als Kind oft die Erwachsenen staunend dabei beobachtete, wie sie miteinander umgingen. Ich verstand nicht, warum sie sich gegenseitig verletzten, der eine sich über einen anderen stellte und sie Machtspielchen austrugen. Laute Worte, Kampf und Streit, Macht und Ohnmacht, all das waren Verhaltensweisen, die ich als kleines Kind wahrnahm, aber nicht einordnen konnte.

Viel eher fühlte ich mich wie ein Zuschauer in einer grandiosen Zaubershow, in der sich die größten Magier aller Zeiten zusammengefunden hatten, um mich mit atemberaubenden Illusionen zu verblüffen. Ich beobachtete staunend, wie sich Wahrheiten vor meinen Augen in Rauch auflösten und dann an ganz anderer Stelle wieder auftauchten. Menschen verwandelten sich von einem Augenblick zum nächsten, und das, was ich für wahr hielt, schien nicht zu gelten. Mein kindlicher Verstand konnte noch so viele Erklärungen suchen, er kam einfach nicht darauf, warum alles so anders war. War das, was sich hier in meinem Umfeld abspielte, real? Oder entsprach eher das, was ich fühlte und tief in mir als Wahrheit spürte, der Realität?

Eine Traumwelt? Scheinwelt? Alles Illusion? Aber doch so wundervoll magisch! So realistisch, greifbar und vor allem so glaubwürdig.

Wenn ich damals schon gewusst hätte, dass ich mit meinem kindlichen Gefühl richtiglag, wäre vieles leichter geworden. Wäre mir damals schon bewusst gewesen, dass ich viele Jahre später einmal genau in diese Wirklichkeit eintauchen und all das erfahren würde, was ich nur ahnte, wäre mein Leben anders verlaufen. Doch das war nicht Sinn der Sache. Es hatte einen großen Sinn, dass ich mich so hin- und hergerissen fühlte, denn all das waren genau die Erfahrungen, die ich so dringend brauchte und suchte. Doch davon wusste ich damals noch nichts.

Nach einigen Startschwierigkeiten lernte ich brav, wie ein Mensch in diesem Leben zu funktionieren hat, wenn er einen angesehenen Platz in der Gesellschaft erringen möchte. Ich lernte, mich an die Bedürfnisse meiner Umwelt anzupassen und ihre Forderungen zu erfüllen, damit ich nicht herausstach. Um ein selbstbestimmtes Leben führen zu können, braucht man ein gesundes Selbstbewusstsein, doch genau das hatte ich nicht entwickelt. Mir fehlte der Mut, auf meine eigenen Bedürfnisse zu hören, und schon bald fühlte ich mich zunehmend klein, hilflos und dem Leben gegenüber mehr als ohnmächtig. In der Folge war ich ständig auf der Hut, um ja nirgendwo anzuecken oder unangenehm aufzufallen, denn ich hatte schmerzvoll erfahren, was es bedeutet, ein Außenseiter zu sein. Ich hatte mich mit der Zeit auch damit abgefunden, vom Leben gelebt zu werden, statt auf meine innere Stimme zu hören. Deshalb verstummte sie mit der Zeit immer mehr. Alles, was ich tat, tat ich nur, um von meiner Umwelt anerkannt zu werden oder das Gefühl zu bekommen dazuzugehören.

Ich glaubte, tagein, tagaus Leistungen erbringen zu müssen, um geliebt oder anerkannt zu werden. Dadurch verbog und verriet ich mich ständig selbst, nur um dazuzugehören. Ich verausgabte mich in einer Leistungsgesellschaft, überschritt meine eigenen Grenzen, nur um das Gefühl zu haben, wertvoll zu sein. Letztendlich hatte ich dann auch gelernt, alles in mir und um mich herum zu kontrollieren, nur um mich sicher zu fühlen.

Als ich älter wurde, geheiratet hatte und Mutter von zwei Kindern war, hatte mich das Leben, so wie es mir die Gesellschaft vorgelebt hatte, endgültig eingeholt. Der permanente Kampf gegen mich selbst forderte unerbittlich seinen Tribut. Alles, was mit Stillstand und Dunkelheit zu tun hatte, lernte ich in dieser Zeit kennen: Depression, Burn-out, geistige und emotionale Selbstzerstörung. Die Tage dehnten sich endlos, und die Nächte machten mir Angst.

Mein Leben fühlte sich damals alles andere als erfüllt an. Ich lebte ein zutiefst unglückliches Leben, obwohl es – von außen betrachtet – niemals den Anschein erweckt hätte, doch in meinem Inneren fühlte ich mich durch und durch leer. Da ich allerdings gelernt hatte, meine schwermütigen Gefühle und Gedanken erfolgreich zu unterdrücken, hatte ich mir mit den Jahren eine Maske angeeignet. Immer wenn mich jemand fragte, wie es mir denn ging, antwortete ich mit einem einstudierten Lächeln: »Sehr gut, danke. Und dir?« Ich lebte damals mit meiner Familie in einem großen Haus und hatte mich zu einem Workaholic entwickelt. Somit hatte ich zwar genug Geld, um mir all meine Wünsche zu erfüllen, doch innerlich war ich ausgebrannt und leer. Hinter dieser tollen Fassade fühlte ich mich wertlos, hilflos und unglaublich verloren. Hinter allem und jedem versuchte ich mich zu verstecken, und ich wünschte mir nichts mehr als einen Zauberumhang, mit dem ich mich unsichtbar machen könnte. Meine Angst vor der lauten und fordernden Welt da draußen war für mich mit den Jahren so unerträglich geworden, dass ich nur noch wegwollte. Raus aus all der Leere, die ich in mir fühlte, doch ich wusste nicht, wohin! Ich hatte mich erfolgreich in innere Sackgassen manövriert und sah weder ein Ausweg noch eine Lösung für meinen Zustand. Ich hatte viel zu große Angst vor Veränderung. Das war meine Realität. Das war meine Wirklichkeit geworden.

Mein ganz persönlicher Weckruf

Allerdings sollte sich mein Leben an einem kalten Abend im September komplett verändern. Radikal, vollständig und auf eine Weise, von der man vorher besser nichts ahnt. Hätte ich nämlich vorher gewusst, was mich an diesem Tag erwartete, hätte ich alles, aber auch alles getan, um dieser Erfahrung aus dem Weg zu gehen.

An den 28. September 2009 erinnere ich mich noch sehr gut, was erstaunlich ist, denn meine komplette Vergangenheit wirkt heute auf mich wie ein weit entferntes, fremdes Leben. Wenn ich versuche, mich an die Zeit vor diesem Tag zu erinnern, liegt alles wie unter einem nebligen Schleier. Alles, was vor dem 28. September 2009 liegt, wirkt düster, sehr bedrückend und fühlt sich eigenartig fremd an. Wenn ich allerdings auf diesen Tag zurückblicke, bin ich ihm überaus dankbar, denn durch ihn wurde mir das größte und umfassendste Geschenk meines Lebens zuteil.

Einige Wochen vorher hatte ich einen fantastischen Weg gefunden, um wenigstens für eine kurze Zeit meiner inneren Leere entfliehen zu können: Ich ging joggen. Hier war ich allein, hatte meine Ruhe, und mit jedem Schritt, mit dem ich mich weiter von unserem Haus entfernte, fühlte ich mich freier. Der Trainingsanzug wurde zur perfekten Ausrede, das Haus verlassen zu können, denn niemand fragte danach, warum ich es tat. Niemand merkte mir an, dass ich floh und jedes Mal heilfroh war, wenn ich die Haustür von außen schließen konnte, um mich auf den Weg zu machen. Mit jedem Schritt nahm die Erleichterung zu, und eine unsichtbare Last schien von mir abzufallen. Oft lief ich in die umliegenden Wälder, nur um allein sein zu können. Um mich endlich nicht mehr vor meiner Umwelt verstellen zu müssen, und besonders nicht mehr vor mir selbst. Sobald ich die Haustür schloss, konnte meine Maske fallen, und schon allein dies ließ mich aufatmen.

Es graute mir vor mir selbst in dieser Zeit, und immer öfter dachte ich daran, einfach meine Sachen zu packen und wegzulaufen. Irgendwohin, nur weit, weit weg von all dem, was ich fühlte. Alles war so leer in mir, alles kostete nur Kraft. Das sollte der Sinn meines Lebens sein?

Wer bin ich wirklich?

Ein bestimmter Gedanke begleitete mich schon seit Wochen. Er tauchte immer öfter auf, wenn ich in Richtung Wald lief und die gröbste Anspannung bereits von mir abgefallen war. An diesem Tag hallte er wie ein Echo in meinem Kopf: Ich muss endlich wissen, wer ich wirklich bin! Dieser Gedanke war mir nicht neu, doch ich hatte ihn bisher immer beiseitegeschoben, sobald er auftauchte. Mein Leben so weiterzuleben, wie ich es bisher getan hatte, fiel mir immer schwerer, und ich begriff, dass ich aus dieser trostlosen Sackgasse ausbrechen musste. Nur wie?

Ich war fast drei Stunden unterwegs gewesen, als ich komplett durchgefroren wieder zu Hause ankam. Es dämmerte bereits, ich war erschöpft, aber um eine wichtige Erkenntnis reicher: »So geht es nicht mehr weiter! Es muss sich etwas ändern, auch wenn ich noch nicht weiß, was und wie.«

Ohne mich umzuziehen, führte mich mein erster Weg direkt ins Wohnzimmer, um Feuer im Kamin zu machen. Nichts brauchte ich jetzt so dringend wie ein prasselndes Feuer, an dem ich meinen ausgekühlten Körper aufwärmen konnte.

Schnell waren einige Holzscheite aufgelegt, mit ausreichend Flüssiganzünder getränkt und angezündet. Warm sollte es werden, und das möglichst schnell.

Heute weiß ich nicht mehr so genau, wie es geschah, aber nach ein paar Sekunden fiel mir auf, dass meine weite Sporthose am Saum Feuer gefangen hatte. Mit einem leichten Anflug von Ärger über meine eigene Unaufmerksamkeit versuchte ich die Flammen an meinen Hosenbeinen mit den Händen auszuklopfen, doch das brachte keinen Erfolg – im Gegenteil!

Wie sich später herausstellte, hatte ich im Eifer des Gefechts statt zu der Flasche mit dem sicheren Flüssiganzünder für Kamine aus Versehen eine Flasche mit Bio-Ethanol gegriffen und damit großzügig die Holzscheite und wohl auch meine Hosenbeine getränkt. Bio-Ethanol besteht aus reinem Alkohol, wird knapp 400 Grad heiß und lässt sich kaum löschen. Ein paar Tropfen daneben, ein kleiner Funke – und es kann zur Katastrophe kommen. Genau das ist offenbar passiert, als ich mit der Flasche herumwedelte, um möglichst schnell Wärme zu bekommen.

Das, was ich nun versuche, dir zu beschreiben, dauerte nur Sekunden, lief vollautomatisch und innerlich absolut ruhig ab, trotz höchster Lebensgefahr.

Beide Hosenbeine brannten in Windeseile lichterloh, und die Flammen kletterten wie eine Feuerwalze unerbittlich an meinem Körper empor. Nach einem ersten Schockmoment begann ich damit, das Feuer mit meinen Händen auszuklopfen. Ich ging davon aus, dass ich es auf dieses Weise löschen konnte, doch das war ein Irrtum! Je mehr ich auf den dünnen Stoff schlug, umso leichter schienen sich die Flammen durch die synthetische Kleidung fressen zu können. Obwohl die Hitze bereits jetzt kaum auszuhalten war, gab ich keinen Laut von mir. Ich war felsenfest der Meinung, die Situation wieder unter Kontrolle bringen zu können. Ich schrie nicht und rief auch nicht um Hilfe. Aus heutiger Sicht wirkt das damalige Geschehen sehr surreal auf mich und mein eigenes Verhalten wie ferngesteuert. Ethanol ist unerbittlich, unfassbar heiß und nicht kontrollierbar.

Selbst als beide Arme und mein Oberkörper schon fast vollständig in Flammen standen, kam ich nicht auf die Idee, mich auf den Boden zu werfen oder davonzulaufen.

Erst in dem Moment, als die Flammen mein Gesicht erreichten, begriff ich, dass ich der Situation nicht mehr Herr werden konnte. Ich stand mittlerweile wie eine lebende, lichterloh brennende Fackel in der Mitte unseres großen Wohnzimmers.

Meine langen, dichten Haare waren für das Feuer ein gefundenes Fressen, und erst jetzt, als alles an mir brannte, kam das erste Mal der Gedanke auf, um Hilfe zu rufen. Doch dafür war es mittlerweile zu spät! Ich spüre noch heute die glühende Hitze des Feuers in meinem Mund, als ich tief Luft holen wollte, um einen verzweifelten Schrei auszustoßen. Unerträglich heiß strömte statt der ersehnten Luft die gleißende Hitze in Mund und Rachen, und ich begriff plötzlich: Das war es. Es ist zu spät!

Das Beeindruckendste war, dass ich keinerlei Schmerzen verspürte, und auch an Angst kann ich mich nicht erinnern. Im Nachhinein habe ich erfahren, dass man bei Verbrennungen dritten Grades den unfassbaren Schmerz nicht mehr spüren kann, weil die Nervenenden zerstört werden und er die Schmerzskala des Körpers bei Weitem übersteigt.

Für mich selbst spielte all das jedoch keine Rolle. In dem Augenblick, als ich keine Luft mehr bekam, hatte ich die Erkenntnis: Jetzt sterbe ich!

Aus heutiger Sicht enthielt genau dieser Moment eines der größten Geschenke meines Lebens, doch das wusste ich damals natürlich noch nicht.

Ich hörte auf, zu kämpfen und etwas zu tun, weil einfach nichts mehr getan werden konnte – und ich traf eine meiner wichtigsten Entscheidungen: Ich gab meinen Kampf auf! Den Kampf gegen die Flammen, gegen das Leben und auch gegen mich selbst. Ich ließ meine Hände sinken und nahm die Situation an, wie sie eben war. Punkt!

Mein Blick aus heutiger Sicht

Jetzt, viele Jahre nach diesem Erlebnis, ist es für mich immer noch schwierig, für diese Erfahrung die passenden Worte zu finden. Es war ein Augenblick, der alles enthielt und auch gleichzeitig nichts. Vollkommene innere Stille, eine sehr friedliche Stille, und eine Hingabe an das, was nun geschehen würde – was auch immer es sein mochte. In dieser Situation lernte ich, was Loslassen in Wahrheit bedeutet: Es hat nichts damit zu tun, dass man etwas »tut«, sondern nur damit, dass man etwas »lässt«. Man hört auf zu kämpfen, leistet keinen Widerstand mehr und ergibt sich dem, was da gerade ist. Früher hatte ich immer große Probleme damit, zu begreifen, wie das mit dem Loslassen funktionieren könnte. Ich dachte immer, ich muss dafür etwas tun, verändern oder erkennen. Doch es geht nur darum, genau das zu *lassen,* was wir vorher unbedingt festhalten wollten.

Mein Leben zog in diesem Moment allerdings nicht in einer Art Zeitraffer an mir vorbei, wie es viele Menschen beschreiben, die eine solche Situation erlebt haben. Viel mehr erfüllte mich eine Gewissheit, dass mein gelebtes Leben richtig und gut war, wie es gewesen war. Trotz all den düsteren Gefühlen und Gedanken, die vorher so viel Raum in mir eingenommen hatten. Ich empfand weder Wehmut noch Sorge. Da war nichts, was noch abgeschlossen werden musste, und auch keinerlei Verpflichtung, sondern einfach ein Punkt.

Alles, was bisher in meinem Leben wichtig gewesen war, verlor in diesem Moment seine Bedeutung. Nichts davon war *wirklich* wesentlich oder wichtig. Nichts davon war wirklich schlimm oder gar dramatisch. Ich hatte mir mein Leben ganz umsonst schwer gemacht, mich abgemüht und gegen etwas gekämpft, was angesichts des Todes keinerlei Wichtigkeit mehr besaß. In diesem einen winzigen Moment erkannte ich, dass es nicht wichtig war, wie erfolgreich ich in meinem Leben gewesen war. Es spielte keine Rolle, wie sehr ich mich – für was auch immer – aufgeopfert hatte, ob ich von anderen Menschen gemocht wurde oder wie wunderbar ich funktioniert hatte. In diesem Moment war einfach alles gut, so wie es war. Ohne jegliche Bewertung.

Ich war bereit, durch ein Tor zu treten und alles, was in meinem Leben bisher von Bedeutung war, in Liebe loszulassen.

Auch dem Gefühl der Zeit schien ich irgendwie komplett entrückt zu sein, denn all diese tiefen Erkenntnisse erlebte ich in einem sehr kurzen Moment, der nur so lange dauerte, wie man normalerweise für ein oder zwei Atemzüge braucht. Gleichzeitig fühlte sich dieser Moment für mich wie eine kleine Ewigkeit an.

Ich könnte seitenweise darüber schreiben, was sich alles in mir abspielte, und doch war es nur ein Augenblick. Ein magischer Augenblick, in dem ich mich vollständig und vor allem *bewusst* in die Hände einer höheren Instanz begab. Ich ließ von jeglicher bisherigen Kontrolle los und gab mich hin. Was darauf folgte, war ein *ruhiges*, ja fast schon neugieriges Warten auf das, was jetzt wohl kommen würde. Vollkommen gleichgültig, was das wäre!

Da stand ich nun, 1,74 Meter groß, und die Flammen schlugen über mir an die drei Meter hohe Decke. Alles an mir brannte lichterloh. Ich konnte nicht mehr atmen, meinen Körper nicht mehr bewegen und hatte den Zeitpunkt verpasst, um Hilfe zu rufen. Mein Gesicht und meine Hände waren dem Feuer schutzlos ausgeliefert, und der dünne Stoff des Trainingsanzugs war eher Futter für die Flammen statt Schutz. Das Letzte, was ich noch bewusst wahrnahm, war die unerbittliche Flammenhölle um mich herum und eine unfassbare Hitze.

Da es für mich bei dieser Erfahrung allerdings nicht um den Tod und die Beendigung meines Lebens ging, sondern um das größte Geschenk, welches mir zuteilwerden sollte, geschah plötzlich etwas ganz Eigenartiges mit mir.

Als hätte es mich aus mir selbst hinauskatapultiert, nahm ich mit einem Mal diesen Körper, diese lichterloh brennende menschliche Fackel, in der ich mich noch eben mit meinem Bewusstsein und meiner vollen Aufmerksamkeit befunden hatte, von außen wahr. In einer einzigen Sekunde hatte ich eine ganz andere Sicht auf das Geschehen, von dem ich mich nun ungefähr zwei Meter entfernt befand. Ich fühlte die unerträgliche Hitze zwar immer noch, roch den Gestank von verschmorter Kleidung und verbrannten Haaren und sah die Flammen, die bis an die Decke schlugen, jedoch jetzt komplett von außen.

Ein Gefühl von Neutralität stellte sich ein, während ich wie eine Zuschauerin meinen Körper dabei beobachten konnte, wie er langsam, aber sicher zu torkeln begann und hilflos mit seinen Armen ruderte. Lange konnte er diesen Zustand nicht mehr halten! Das war mir in diesem Moment absolut klar.

Mein neutrales Beobachten verwandelte sich schlagartig in Freude, als ich sah, dass mein Sohn auf einmal im Türrahmen auftauchte. Manuel erfasste mit seinen 14 Jahren blitzartig die lebensbedrohliche Situation und reagierte geistesgegenwärtig, indem er laut um Hilfe schrie und sich gleichzeitig auf meinen Körper stürzte, um ihn zu Boden zu reißen. Er zögerte nicht eine Sekunde und brachte sein eigenes Leben in Gefahr, um meines zu retten. Hätte er erst mit seinem Verstand eine Lösung gesucht, wäre ich heute nicht mehr hier. Alarmiert durch seine lauten Schreie und seinen verzweifelten Kampf gegen die Flammen, stürzten nun auch meine Freundin Moni und ihre Tochter ins Wohnzimmer. Intuitiv und blitzschnell erfassten sie die gefährliche Situation. Sie zogen Manuel zur Seite und erstickten das Feuer, indem sie einen großen Teppich über meinen Körper zogen.

Ich selbst verfolgte ihren Kampf um mein Leben eher fasziniert als entsetzt. Ein ganz eigenartiger Zustand, für den ich einfach nicht die richtigen Worte finde: neutral, interessiert, beobachtend, neugierig. All diese Worte passen, ohne jedoch den Kern zu treffen.

Nachdem die größte Gefahr gebannt war, wies meine Freundin Manuel an, den Notarzt zu rufen, während sie mit ihrer Tochter meinen schlaffen Körper ins Bad schleppte. Wie die beiden Frauen es schafften, ihn in die große Wanne zu hieven, ist mir noch heute ein Rätsel, denn ich selbst war ihnen dabei auf jeden Fall keine Hilfe. Während Moni vor allem mein Gesicht und meine Hände mit kaltem Wasser abduschte, zog mir ihre Tochter vorsichtig die Ringe von den Fingern, die sich durch die Hitze bereits in meine Haut gebrannt hatten. Ich sah das Entsetzen der beiden und gleichzeitig ihre erstaunliche

Weitsicht, die sie in diesem Moment hatten. Keine von ihnen versuchte, die verschmorte Kleidung von meiner Haut zu ziehen, sondern sie warteten auf den Notarzt.

»Anke, mach die Augen auf! Mach deine Augen auf, und sag mir, ob du mich sehen kannst, das ist alles, was ich von dir will! Rede mit mir«, schrie Moni mich an, während sie meinen Körper und besonders mein Gesicht weiterhin mit eiskaltem Wasser abbrauste. Durch die plötzliche Kälte und ihre verzweifelten Rufe nahm ich mich für einen kurzen Augenblick wieder innerhalb meines Körpers wahr. Ich versuchte, meine Augen zu öffnen, nahm einen tiefen, bewussten Atemzug, schmeckte das kalte Wasser im Mund und danach zog es mich erneut aus meinem Körper heraus. Dass drei Sanitäter mit ihren großen Taschen eilig ins Bad stürzten, konnte ich wieder aus einigem Abstand beobachten. Soweit es ging, wurden Hose und Jacke aufgeschnitten und so gut wie möglich von meinem Körper entfernt, um die Wunden versorgen zu können. Sie trugen meinen Körper in den Rettungswagen, der vor dem Haus wartete, und übergaben ihn in die Hände einer Notärztin. Glücklicherweise erkannte sie den Ernst meiner Lage sofort und forderte per Funk einen Rettungshubschrauber an, um mich schnellstmöglich in eine Klinik bringen zu können. Wie ich später erfuhr, hatte diese Ärztin drei Jahre in einer Münchener Spezialklinik für schwerstverletzte Brandopfer auf der Intensivstation gearbeitet. Obwohl sie mich in nur ein paar Minuten in das Regensburger Uniklinikum hätte bringen können, entschied sie sich dagegen. Sie funkte in München-Bogenhausen an und erfuhr, dass auf der Intensivstation für Brandverletzungen gerade noch ein Bett frei war. Auf die Schnelle einen entsprechend ausgestatteten Hubschrauber zu bekommen war ihre nächste Herausforderung. Als sie den Funkspruch absetzte, meldete man ihr, dass ein geeigneter Rettungshubschrauber nur fünf Minuten von uns entfernt über der Autobahn flog und den Einsatz übernehmen konnte. Diese fliegende Intensivstation landete kurze Zeit später auf dem Fußballplatz unseres Ortes, an dem mittlerweile auch schon der Rettungswagen auf ihn wartete. All die vielen Synchronizitäten, die nötig waren, damit ich letztendlich in die Hände von Spezialisten kam, kann ich nur als Wunder bezeichnen, und das erfüllt mich noch heute mit größter Dankbarkeit.

Losgelöst von meinem Körper

Meine außerkörperliche Wahrnehmung setzte sehr bewusst wieder ein, als ich die nette Notärztin im Hubschrauber dabei beobachtete, wie sie auf ihre ruhige Weise ständig meine Werte unter Beobachtung hielt. Sie füllte Formulare aus und kümmerte sich sehr sorgsam um meinen Körper, der tief zu schlafen schien. Ich konnte das Ausmaß meiner tatsächlichen Verletzungen überhaupt nicht realisieren, und es war mir auch nicht wichtig. Ich sah – und vor allem roch ich – die schwarz verkohlte Haut in meinem Gesicht und an meinen Händen. Mir fiel die Kleidung auf, die sich teilweise in meine Haut eingebrannt hatte, und ich schmeckte noch immer die Hitze des Feuers in meiner Kehle. Doch ich fühlte mich in diesem eigenartigen neutralen Zustand, in dem ich mich befand, seit ich meinen Körper verlassen hatte, sehr wohl. Erst später las ich, dass so ein Zustand im Moment des Todes eintreten kann, wenn sich das Bewusstsein aus dem physischen Körper löst und bereit ist, die irdischen Ebenen zu verlassen. Das Bewusstsein verweilt dann noch einige Zeit in der Nähe des Körpers, bis sich der Prozess der Abnabelung vollständig vollzogen hat, und richtet erst dann seine Aufmerksamkeit mehr und mehr auf die seelischen Ebenen aus.

Doch hier war irgendetwas vollkommen anders!

Mein Bewusstsein hatte sich zwar von meinem Körper getrennt, und ich schien mich wie eine Zuschauerin oder, besser gesagt, »Beiwohnerin« losgelöst neben ihm zu befinden. Aber eine Art Abnabelung schien nicht einzutreten. Nichts zog meine Aufmerksamkeit von ihm weg. Ich sah keine verstorbenen Angehörigen, die mich liebevoll willkommen hießen. Kein helles Licht, das ich wahrnehmen konnte, kein dunkler Tunnel oder sonstige Veränderungen. Nichts dergleichen.

Die Ruhe im Hubschrauber tat mir gut und half mir ein wenig, mich mit meiner eigenartigen Situation anzufreunden. Hektik kam erst auf, als wir in München landeten und Sanitäter meinen Körper zügig aus dem Hubschrauber ins Krankenhaus transportierten. Ärzte eilten herbei und schoben ihn in Windeseile in die Notaufnahme. Flaschen, Schläuche und eine Mappe mit Berichten lagen auf seinem Bauch, und doch schien es ihm gut zu gehen. Er wirkte auf mich, als würde er einfach entspannt schlafen, und die ganze Aufregung, die mit einem Mal um ihn herum stattfand, war mir ein totales Rätsel.

Ich hörte, wie die Notärztin den Münchener Kollegen einen Bericht über meinen Zustand mitteilte, beobachtete, wie mein Körper in ein Untersuchungszimmer gebracht wurde und wie ihn die Ärzte dort versorgten. Allerdings verwirrte mich, dass keiner der Anwesenden von *mir* Notiz nahm. Die ganze Zeit über befand ich mich mitten unter all den Ärzten und Pflegern in einem hell erleuchteten Raum, doch niemand gab mir auf meine vielen Fragen eine Antwort. Sie schienen mich weder zu hören noch zu sehen, und das konnte ich einfach nirgendwo einordnen. Ich wollte wissen, was mit meinem Körper geschah, doch keiner sprach mit mir. Wo brachten sie meinen Körper hin? Was machten sie denn jetzt mit ihm, und warum sahen die Ärzte, die sich um ihn kümmerten, so besorgt aus?

Es dauerte ziemlich lange, bis ich begriff, dass mich auf dieser »menschlichen Ebene« einfach niemand mehr wahrnehmen konnte. Weder mein Sohn im Wohnzimmer noch die Notärztin im Hubschrauber, geschweige denn die hektischen Ärzte im Krankenhaus. Auch wenn ich in dem Moment noch nicht verstand, warum das so war, gab ich mich dann auch dieser Situation irgendwann geschlagen und trat wieder die angenehmere Rolle der stillen Beobachterin ein.

Bin ich tot?

Mein Körper lag einfach nur da, während ich nun das erste Mal seit dem Hubschrauberflug die Möglichkeit hatte, ihn mir etwas genauer und in Ruhe anzusehen. Mittlerweile hatte man ihn in ein ruhiges, hellgelb gestrichenes Zweibettzimmer auf der Intensivstation verlegt. Er schien gut versorgt zu sein, denn piepsende Geräte wachten über seine Funktionen, und einige Schläuche versorgten ihn mit allem, was er brauchte. Allerdings war es für mich sehr befremdlich, ihn so zu beobachten. Wie eine leere Hülle lag er da, ohne Inhalt, ohne Leben, und schien auf seine ganz eigene Weise friedlich auf irgendetwas zu warten. Mein Geist war vollkommen losgelöst von diesem Körper – und doch auch wiederum nicht.

Während ich ihn vom Fußende des Bettes aus betrachtete, gingen mir unzählige Gedanken durch den Sinn. »Was soll das nur alles bedeuten, um Gottes willen? Ich bin doch hier! Ich fühle mich quicklebendig! Warum fühle ich nicht, was mein Körper fühlt? Und vor allem, wenn ich jetzt wirklich tot bin, warum bin ich dann immer noch da? Warum löse ich mich nicht von ihm? Worauf warte ich noch?«

Es fühlte sich einerseits ganz natürlich an, mich von meinem Körper gelöst zu haben, gleichzeitig aber auch ungewohnt distanziert. Neutral ist vielleicht das richtige Wort, wenn ich so darüber nachdenke. Ich spürte keine Schmerzen, keinen Druck und noch weniger Angst. Was ich allerdings wahrnehmen konnte, war eine Ausdehnung, eine Freiheit, die ich so noch nie in meinem Leben erfahren hatte. Alles fühlte sich so herrlich leicht an, als wäre ein zentnerschwerer Ballast von mir abgefallen.

Während ich meinen Körper beobachtete, beschlich mich langsam eine gewisse Ratlosigkeit. Warum konnte mich niemand mehr sehen? Warum hörte mich niemand? Ich selbst fühlte mich so leicht und frei, ja sogar regelrecht beschwingt, und doch beschäftigte mich diese eigenartige Situation zunehmend.

Unaufhörlich stellte ich mir immer wieder dieselben Fragen: »Was, um alles in der Welt, soll das? Ich muss tot sein, etwas anderes ist nicht möglich. Doch wenn ich tot bin, warum verändert sich dann nichts? Warum bin ich noch hier?«

Irgendetwas schien mich zu binden, doch ich hatte keine Ahnung, was das sein könnte. Eigenartig war, dass ich selbst auch auf irgendetwas zu warten schien, doch ich wusste nicht, auf was. Es war ein wirklich befremdlicher Zustand, und wenn man ihn nicht schon selbst einmal erlebt hat, kann man sich bestimmt nur schwer in meine Lage versetzen.

Ganz besonders irritierend war auch dieser ungewöhnliche Blickwinkel auf meinen Körper. Noch nie hatte ich ihn so von außen betrachten können. Ich empfand in keiner Weise eine Bindung zu ihm, und er fühlte sich nicht mehr so an, als gehöre er noch zu mir. All der Schmerz, die Traurigkeit und die Schwere der letzten Jahre schien er in sich behalten zu haben. Ich hingegen fühlte mich endlich von ihm und seiner Last befreit. Ich konnte mich nicht daran erinnern, mich jemals so frei und leicht gefühlt zu haben. Noch nie. Als wäre ich ein Vogel, der sein Leben in einem viel zu engen Käfig verbringen musste und mit einem Mal freigelassen worden war. Doch im Moment schien ich ziemlich ratlos in der offenen Käfigtüre zu sitzen und nicht so recht zu wissen, was ich mit meiner Freiheit denn nun anfangen könnte.

Ich begann damit, mich im Zimmer umzusehen. Es roch stark nach Desinfektionsmitteln. An der Kopfseite der beiden Betten befanden sich viele medizinische Geräte, die alle eingeschaltet waren. Außer ihrem regelmäßigen Piepsen herrschte aber absolute Ruhe. In dem Bett neben mir lag eine ältere Dame. Auch sie schien zu schlafen und lächelte dabei auf eine ganz besondere, glückselige Weise. Als ich mir die Frage stellte, warum sie wohl so selig lächelte, fand ich mich im gleichen Augenblick in einem wunderschönen Ballsaal wieder. Riesengroße Kristallleuchter hingen von der Decke und tauchten die Szenerie in ein strahlendes Licht. Musik spielte, und mein Blick fiel auf eine wunderschöne junge Frau in einem atemberaubenden, cremefarbenen Ballkleid. Sie lag in den Armen eines Mannes, der sie verliebt anblickte, während er sie sicher im Walzertakt durch den Raum führte. Die beiden schienen die Menschen um sich herum nicht wahrzunehmen und hatten nur Augen füreinander. Sie waren eins mit sich, der Musik und ihren Körpern, und nichts schien sonst noch von Bedeutung zu sein. Nun verstand ich, warum die alte Dame lächelte und so glücklich zu sein schien, obwohl auch ihr Körper schlief.

Es war eigenartig, aber in dem Moment, in dem ich mir innerlich die Frage gestellt hatte, welchen Grund ihr Lächeln wohl haben könnte, tauchte ich vollkommen in ihr inneres Erlebnis ein. Genauso, als wäre es mein eigenes. Wir beide schienen auf irgendeine magische Weise miteinander verbunden zu sein.

Der erste Kontakt mit meinem Lehrer

Im Krankenhaus war es mittlerweile recht still geworden. Ab und zu hörte ich jemanden auf dem Gang von einem Raum zum anderen laufen, Ärzte, die sich miteinander unterhielten, und das leise Surren der Geräte. Immer noch versuchte ich, diese veränderte Situation irgendwie zu verstehen und zu begreifen, was hier mit mir geschehen war, als sich plötzlich die Stimmung im Zimmer vollkommen änderte. Der gesamte Raum schien mit einem Mal viel größer zu werden und sich auszudehnen. Alles um mich herum wirkte plötzlich wie von unzähligen Farben durchzogen, nicht mehr materiell und greifbar. Nicht nur die Schwingung, sondern auch das Licht im Raum hatte sich verändert. Alles wurde heller, weicher und schien eine ganz und gar andere Qualität zu bekommen. Überrascht über diesen plötzlichen Wandel, sah ich mich suchend im Raum um, denn mich beschlich auf einmal ein ganz eigenartiges Gefühl. Irgendetwas ganz Besonderes schien hier zu geschehen.

»Alles ist in bester Ordnung, Anke«, vernahm ich mit einem Mal weiche, sehr klangvolle Worte, die den gesamten Raum auszufüllen schienen.

Überrascht drehte ich mich in die Richtung um, aus der ich die Stimme vermutete, und erblickte eine raumhohe Lichtgestalt, die mich einladend anlächelte. Von ihr ging ein so unbeschreiblich helles Strahlen aus, dass ich in diesem Licht kaum einen Körper erkennen konnte. Staunend stand ich eine gefühlte Ewigkeit neben dem Bett und starrte wie gebannt in Richtung Tür. Noch niemals hatte ich etwas derart Schönes gesehen.

Sosehr ich mich auch bemühen möchte, dir diesen Anblick zu beschreiben, fehlen mir hierzu leider die Worte. Wie könnte ich dir auch etwas beschreiben, was noch kein menschliches

Auge je gesehen hat? Eine Gestalt, die durch und durch aus weichem, überirdisch strahlendem Licht bestand und die Macht hatte, die gesamte Umgebung zu verändern. Die Wände und Gegenstände des Raumes wirkten plötzlich transparent, und alles Materielle schien durch seine Anwesenheit die Dichte zu verändern. Das, was ich hier sah, war viel mehr als nur Licht, Farbspektren oder Schwingung und lässt sich leider kaum vermitteln.

Als ich mich langsam wieder etwas gefasst hatte, bewegte sich die Lichtgestalt behutsam auf mich zu und neigte dabei ihren Kopf leicht zur Seite. Jetzt erst konnte ich spüren, dass diese Präsenz eher männlich auf mich wirkte. Er vermittelte mir umgehend ein Gefühl von Geborgenheit und Sicherheit, denn er schien mich zu kennen.

»Bist du hier, um mich abzuholen?«, fragte ich ihn, immer noch leicht sprachlos. »Weil ich tot bin?«

»Ganz und gar nicht«, antwortete er mir aufmunternd und kam dabei vorsichtig und respektvoll näher. »Hab keine Angst. Du wirst auf all deine vielen Fragen bald Antworten erhalten! Es gibt hier im Moment nichts, was für dich von Bedeutung wäre, deshalb würde ich dir gerne einiges zeigen, wenn du möchtest.«

Ob ich möchte? Natürlich! Nichts lieber als das! Endlich wusste ich, worauf ich die ganze Zeit gewartet hatte. Endlich war ich nicht mehr allein, und vielleicht bekam ich jetzt auch Erklärungen für meinen sonderbaren Zustand. Er hatte sich mittlerweile immer näher auf mich zubewegt, und ehe ich mich versah, zog es mich wie selbstverständlich in sein leuchtendes Energiefeld hinein.

Einmal Schöpfung und zurück

Die Reise beginnt

»Du kannst mir vertrauen. Lass geschehen, wie es geschieht, und vollziehe die Wandlung«, vernahm ich seine beruhigenden Worte, und schon zog es mich weg. Mir fiel als Erstes auf, dass ich plötzlich ganz leicht von allem loslassen konnte, was mich bisher gebunden hatte, und diese Freiheit tat unfassbar gut. Die physische, materielle Umgebung, die mich so sehr irritiert hatte, mein Körper und alles, was bisher mit mir geschehen war, verlor zunehmend an Bedeutung. All meine vielen Gedanken lösten sich in Wohlgefallen auf, als es mich wie von selbst aus dem Zimmer, dem Krankenhaus und gleichzeitig von allem wegzog, was bisher so real für mich gewesen war. Alles fühlte sich mit einem Mal unendlich leicht an, ja schon fast beschwingt, je weiter wir uns entfernten, desto selbstverständlicher erschien es mir, dass ich mich in diesem neuen und doch wundersamen Zustand befand. Je mehr ich mich auf die Schwingung der lichtvollen Präsenz einließ, die mich so schützend umgab, desto losgelöster fühlte ich mich.

Das Gefühl, nicht mehr an irgendeine Struktur oder an die materielle Dichte gebunden zu sein und mich spielend leicht immer weiter ausdehnen zu können, war unbeschreiblich. Es glich einer inneren Befreiung und einem Glücksgefühl, wie ich es in meinem ganzen Leben noch nie erlebt hatte. Eingebettet in dieses Energiefeld, das ich nur als großartige, bedingungslose Liebe beschreiben kann, fühlte ich mich unendlich geborgen. Es zog mich höher und höher, obwohl ich eigentlich schon jetzt kein Gefühl mehr für den Raum um mich herum besaß. Ja, es hatte sogar den Anschein, als würde ich selbst immer mehr zu einem unbegrenzten Raum werden, in den ich mich immer weiter hinein ausdehnen konnte. Es war gigantisch. Ich fühlte mich freier, leichter und lebendiger als jemals zuvor. Nichts machte mir Angst, auch wenn ich nicht wusste, was gerade mit mir geschah und wohin es mich führen würde. Alles, was mich so viele Jahre belastet hatte, schien einfach von mir abgefallen zu sein, und ich befand mich auf einer ganz wundervollen Reise, das wusste ich! Wenn das mit uns geschieht, wenn wir sterben, dachte ich, dann weiß ich nicht, warum ich jemals Angst davor hatte.

Diese neu gewonnene Freiheit überwältigte mich so sehr, dass ich zunächst gar nicht wahrnahm, dass sich unsere Geschwindigkeit langsam verringerte. Auch der Raum um uns herum veränderte sich zunehmend, als wir in Bereiche eintraten, die aus strahlend hellem, fluoreszierendem Licht zu bestehen schienen. Ein Licht, so hell, dass es mich fast blendete.

Ich meine damit kein Licht, wie wir es auf der Erde kennen. Es war nicht einfach nur strahlend hell, sondern schien aus unendlich vielen Farben und Frequenzen gleichzeitig zu bestehen. Es wirkte regelrecht lebendig, da ich es nicht nur sehen, sondern auch fühlen und mit all meinen Sinnen erfassen konnte. Es schien von nirgendwo und überall gleichzeitig her zu kommen und schier endlos zu sein. Die überwältigenden Gefühle und Empfindungen in diesem Licht waren etwas so Herrliches, dass ich auch hierfür keine Worte finde, um es dir auch nur im Ansatz zu beschreiben. Wie gerne würde ich dich jetzt in dieses Gefühl einladen, damit du es selbst in dir spüren kannst. Wie gerne wäre ich Malerin und hätte all diese kosmischen Farben zur Verfügung, um dir die Bilder, Erkenntnisse und

Wahrnehmungen auf einem anderen Wege vermitteln können als nur mit meinen begrenzten Worten.

Es ist das Licht eines lebendigen, universellen Bewusstseins, welches alles durchdringt, das existiert. Dich eingeschlossen. In ihm herrscht ein Gefühl von vollständiger, reiner und bedingungsloser *Liebe*, und keines unserer menschlichen Gefühle kommt dieser Beschreibung auch nur annähernd nahe.

Das erste Tor

Je mehr ich mich staunend diesem lebendigen Bewusstsein öffnete, desto mehr hatte ich die Möglichkeit, in diese Liebe einzutauchen, die alles vollständig zu durchdringen schien. Nichts war hier begrenzt, und egal in welche Richtung ich auch blickte, da war nichts als dieses überirdische Licht. Genau hier schien unser Ziel zu sein, denn ich spürte plötzlich Boden unter meinen Füßen. Einen Boden, der eigentlich kein Boden war, und doch war er da. Unter Füßen, die ich eigentlich nicht mehr besaß, und doch spürte ich sie. Ein wunderbares und zeitgleich auch sehr vertrautes Gefühl. Erst jetzt bemerkte ich, dass ich meine Identität noch genauso wahrnahm wie im Krankenhaus, obwohl sich so vieles seither verändert hatte. Ich fühlte mich immer noch als *ich*, als eigenständiges Individuum mit meinen eigenen Gedanken und Gefühlen, und obwohl ich wusste, dass ich meinen physischen Körper zurückgelassen hatte, konnte ich, auf meinen beiden Beinen stehend, meine transparent wirkenden Hände betrachten.

»Bin ich denn jetzt tot? Wo bist du? Du wolltest mir doch all meine Fragen …« Ich hatte den Satz noch nicht einmal richtig angefangen zu denken, da nahm ich die Präsenz, die mich bisher so schützend umgeben hatte, direkt vor mir wahr. Die Lichtgestalt war um ein Vielfaches größer als ich und schien durch und durch aus goldgelbem, strahlendem Licht zu bestehen. In diesem Licht spiegelten sich Welten, so kam es mir vor, als ich ihn das erste Mal etwas genauer betrachten konnte. Alles an ihm zog mich magisch an und wirkte unendlich vertraut auf mich. »Du bist nicht tot! Lass los, Anke. Lass alles los«, vernahm ich seine Worte und fühlte sie wie die liebevollste Umarmung, in die ich mich dankbar hineinfallen ließ.

»Ich habe so viele Fragen«, dachte ich und vernahm sogleich seine beruhigende Antwort: »Ich weiß. Du wirst auf all deine Fragen Antworten erhalten. Wir werden dir alles erklären, und dir wird alles gezeigt, was für dich wichtig ist. Doch jetzt lass los, Anke. Nimm einfach nur dieses Licht hier in dich auf, und gewöhne dich erst einmal an seine Frequenzen. Alles kommt zum richtigen Zeitpunkt. Du wirst es bald verstehen.«

Je mehr ich mich auf dieses universelle Bewusstsein einließ, desto mehr begriff ich, dass hier alles anders war, als ich es bisher gekannt hatte: Sobald man einen Gedanken denkt, ist im gleichen Augenblick alles da, was dieser Gedanke beinhaltet. Taucht eine Frage auf, sind zeitgleich auch all ihre Antworten erfassbar. Auch Gefühle, wie ich sie bisher kannte, existieren hier nicht, denn jegliches Gefühl, ist im Vergleich zu diesem umfassenden Gewahrsein viel zu begrenzt. Nichts ist hier auf dieser feinstofflichen Ebene auf irgendeine Person oder Situation ausgerichtet, sondern alles durchdringt alles. Es ist ein Zustand! Ein allumfassender Zustand, getragen von bedingungsloser Liebe. Auch unserem Zeitempfinden, wie wir es aus unserer materiellen Welt kennen, ist man in diesen Bereichen komplett enthoben. Alles geschieht jetzt und dadurch zeitgleich. Zeitgleich nimmst du alles wahr, was jemals war und jemals sein wird, sobald du deine Aufmerksamkeit darauf richtest.

Ich war fasziniert. Bisher ahnte ich zwar, dass alles in irgendeiner Weise miteinander zusammenhängen musste und miteinander verbunden war, doch je weiter ich mein eigenes Bewusstsein in diese Bereiche ausdehnte, desto mehr vermochte ich die komplexe Synchronizität zu erfassen, die hier existierte. Zu diesem Zeitpunkt wusste ich noch nicht, dass ich gerade dabei war, mich bewusst mit der Schwingung meiner Seele zu verbinden.

Unsere größte Illusion ist,
dass wir glauben, wir seien getrennt!
Das ist der größte Irrtum unseres Lebens.

Mein Blick aus heutiger Sicht

Das, was wir Menschen für *real* halten, hat mit unserer *wirklichen* Realität nur sehr wenig zu tun. Wir blicken auf unseren Körper und nehmen ihn als grobstoffliche Materie wahr, wir blicken in unsere Umwelt und halten sie für statisch, unbeweglich und fest. Wir blicken auf unser Leben, ohne auch nur im Entferntesten den Wundern Beachtung zu schenken, die um uns herum stattfinden. Wir blicken auf die Menschen, die in unser Leben treten, ohne die Einheit und Verbundenheit mit ihnen erfassen zu können. Ja mehr noch, wir fühlen uns meist von all dem, was in uns wohnt und uns umgibt, getrennt. *Das* ist in der Tat eine riesengroße Illusion. Ein fataler Irrtum, der aber dennoch die Grundlage für unser gesamtes, sehr begrenztes Weltbild schafft. Für mich ist das heute in etwa so, als hielte man feinen Sand in seinen beiden Händen und wäre davon überzeugt, es handele sich dabei um die gesamte Wüste.

Allerdings sind wir Menschen durch unsere dreidimensionale Schwingungsfrequenz an Raum und Zeit gebunden, sodass es für uns den Anschein hat, als würden alle Ereignisse in einer chronologischen Reihenfolge ablaufen. Es scheint, als könnten wir uns nur auf einen einzigen Punkt in der Zeit konzentrieren und würden alles andere ausblenden *müssen*. So leben wir in der Illusion, dass eine Vergangenheit und eine Zukunft existiert und wir keinen Zugriff auf höherschwingende Bewusstseinsebenen besitzen. Durch diese Illusion der Trennung ahnen wir vielleicht, dass alles in irgendeiner Weise miteinander verbunden ist, aber wir vermögen das große Gesamtbild nicht zu erfassen. Unsere Seele allerdings ist ein multidimensionales Bewusstseinsfeld. Sie hat die Möglichkeit, alles gleichzeitig, also multidimensional, zu erfassen, und schwingt in einer wesentlich höheren Frequenz. Ich habe sie als das Bindeglied zwischen unserem Unbewussten und der Quelle selbst erfahren, aus der sie stammt. Sie ist nicht Raum und Zeit unterworfen, und doch durchdringt sie sie vollständig, denn sie ist die Quelle unseres Bewusstseins. In ihr sind all unsere Erfahrungen aus früheren Leben gespeichert, sie kennt unseren übergeordneten Seelenweg, den momentanen Lebensplan mit all seinen Herausforderungen und hält auch die dafür erforderlichen Lösungen bereit.

Die Rückschau

»Lass los, Anke. Lass alles los«, hallten die Worte meines Begleiters wie ein Echo in mir nach, und mich erfüllte erneut ein Strom tiefster Liebe, die mit seinen Worten einherging. Dieses Gefühl, »nach Hause zu kommen«, ist unbeschreiblich. Mit nichts kann man diese innere Freude vergleichen, dieses Glück, das ich in diesem Moment empfand. Die Lichtgestalt war kein »er«, auch wenn ich ihn hier so bezeichne. Seine Qualitäten waren männlich und weiblich zugleich und enthielten jede nur vorstellbare Eigenschaft, die ich mit dem Begriff Liebe verbinde. Ich spürte unendliche Weisheit, endloses Mitgefühl und alles, was ich mir unter Güte vorzustellen vermag. Das Wundervollste jedoch war seine unfassbare, bedingungslose und wertschätzende Liebe, die er *für mich* empfand. Noch niemals fühlte ich mich so umfassend geliebt. So bedingungslos, so anerkennend und persönlich, dass es mich noch heute berührt.

Sachte zog er mich immer mehr in sich hinein, sodass ich mich langsam an die Intensität seiner Energie gewöhnen und anpassen konnte. Mir war vollkommen bewusst, dass er mich nur an einem Bruchteil seiner Schwingung teilhaben ließ, da ich sie in ihrem vollen Umfang wohl nicht ertragen hätte. Eines stand für mich in diesem Moment allerdings felsenfest: Hier gehe ich nie wieder weg! Niemals!

Er ließ mir Zeit, mich an seine Energie zu gewöhnen, und begann dann langsam damit, mir Informationen zu übermitteln. In erster Linie benutzte er dabei die universelle Sprache der Telepathie. Wir unterhielten uns zwar, jedoch rein gedanklich. Sobald er bemerkte, dass ich etwas nicht verstand, kommunizierte er zusätzlich in Bildern mit mir. Ganze Bildbibliotheken konnten sich zu mehrdimensionalen Hologrammen auffächern, wenn er mir bestimmte Zusammenhänge verdeutlichen wollte.

Er schien meine Gedanken zu kennen, schon bevor ich sie gedacht hatte, und die multidimensionalen Antworten, die ich von ihm erhielt, waren oft so umfangreich, dass es mich an die Grenzen meiner Aufnahmefähigkeit brachte. Als Mensch war ich gewohnt, Dinge dreidimensional zu sehen, doch die Möglichkeiten, mit denen auf diesen Ebenen Wissen vermittelt wird, schienen grenzenlos zu sein. Alles, was ich sah, konnte ich gleichzeitig fühlen, alle Zusammenhänge begreifen und meinen Blickwinkel spielend leicht erweitern.

Den Sinn meines Lebens erkennen

Das Erste, was er mir zeigte, nachdem ich mich einigermaßen an seine Frequenz gewöhnt hatte, war eine Rückschau auf mein Leben. Situationen meiner Kindheit, in denen ich staunend die Welt um mich herum zu verstehen versuchte, fächerten sich in rasender Geschwindigkeit vor mir auf. Situationen, in denen ich Wut, Streit und Angst als etwas vollkommen Unnatürliches wahrgenommen hatte und nicht begreifen konnte, warum so etwas überhaupt existierte. Ich sah meine kindliche Neugier und Lebensfreude und das ungestüme Verlangen in mir, mich in allen erdenklichen Bereichen meines Lebens ausprobieren zu wollen. Ich sah mich als kleines Mädchen mit meinen vielen

Fragen und dem untrüglichen Gespür dafür, dass das Leben um mich herum einem grandiosen Abenteuerspielplatz glich. Hier nun, in diesem erweiterten Bewusstsein, war es mir möglich, in einem einzigen Augenblick auf all meine kindlichen Fragen von damals Antworten zu erhalten. Mehr und mehr Situationen und Begebenheiten meines Lebens taten sich vor mir auf und gingen fließend ineinander über. Jedes noch so unbedeutend erscheinende Ereignis konnte ich wahrnehmen, und es entpuppte sich als wichtiges Puzzlestück eines viel größeren, übergeordneten Bildes. Aus dieser Perspektive heraus war es mir möglich, die Zusammenhänge zwischen ihnen vollständig zu erfassen. Ich war absolut überwältigt von der Erkenntnis, dass alles, was in meinem Leben bisher geschehen war, einem übergeordneten Sinn zu folgen schien. Nichts existierte getrennt voneinander, und alles, alles hing mit allem zusammen.

In Begebenheiten, die ich schon längst vergessen oder als einmaliges Ereignis abgetan hatte, erkannte ich nun ihre tiefere Bedeutung. So sah ich mich zum Beispiel kurz nach meiner Einschulung sehr unsicher und überfordert im Klassenraum sitzen. Die Kinder machten mir Angst, und all die neuen Eindrücke überforderten mich. Ich fühlte mich in Situationen hineingezwungen, aus denen ich gerne geflohen wäre, doch ich durfte nicht. Genau dieses Gefühl wiederholte sich regelmäßig, je älter ich wurde, und gipfelte in der Ohnmacht kurz vor meinem Unfall. Wie oft hatte ich in den letzten Jahren verzweifelt versucht, die Unsicherheit in mir zu lösen, jedoch ohne Erfolg. Nun verstand ich die Zusammenhänge und konnte eine ganz neue Sichtweise auf mein Leben und den Sinn meines Daseins gewinnen.

Je mehr ich bereit war, mein eigenes Bewusstsein auszudehnen, desto umfangreicher gestaltete mein lichtvoller Begleiter die Schulung. Er führte mir nicht nur die komplexesten

Zusammenhänge einzelner, scheinbar getrennt voneinander stattfindender Lebensereignisse deutlich vor Augen, sondern betonte auch immer wieder, welch tiefer Sinn mit all diesen Erfahrungen verbunden war. All das geschah in einer unglaublichen Komplexität und Klarheit, die mich noch heute in Begeisterung versetzt, wenn ich mich daran zurückerinnere.

Stell dir vor, du sitzt in einem riesengroßen, runden Raum mit unzähligen Bildschirmen. Jeder Bildschirm zeigt dir bestimmte Phasen deines Lebens – wie in einem Film. Du siehst aber nicht nur eine Art visueller Rückschau auf dein Leben, sondern bist dir bei jedem Bild auch all deiner damaligen Gefühle und Gedanken bewusst. Du begreifst die Zusammenhänge, denn du erkennst, was sich später aus den einzelnen Situationen deines Lebens ergab. Unser begrenzter menschlicher Verstand wäre nicht dazu in der Lage, das alles zu erfassen, geschweige denn die Multidimensionalität der Bilder. Du kannst sie dir so vorstellen, dass du deine Aufmerksamkeit gleichzeitig auf alle Bildschirme richten und jede einzelne Begebenheit bis ins kleinste Detail vollständig erfassen kannst.

Nachdem sich mein Staunen einigermaßen gelegt hatte, schien die Lichtgestalt meinen Blick auf übergeordnete, seelische Zusammenhänge richten zu wollen. Es war ein Gefühl, als dürfte ich Schritt für Schritt immer tiefer in eine Wahrheit eintauchen, die nur häppchenweise erfassbar war. Als hätte ich bisher nur an der Oberfläche gekratzt, sollte ich nun die Möglichkeit bekommen, den Sinn meines Lebens aus einer wesentlich höheren, seelischen Perspektive zu betrachten. Situationen meines Lebens tauchten auf, in denen ich mich an der Seite meiner Mutter sah und sie mir Themen der Angst und der Ohnmacht vorlebte. Jetzt jedoch konnte ich auch ihr seelisches Wesen erkennen. Ich spürte ihre bedingungslose Liebe zu mir und erhielt Einblicke in ihre übergeordnete Aufgabe, die sie als meine Mutter für mich erfüllte. Ich sah unsere liebevolle Verbundenheit und unser verzweifeltes irdisches Zusammenspiel als Mutter und Tochter.

Um mir die Zusammenhänge noch verständlicher zu machen, zeigten sich mir nun Bilder aus vielen anderen Leben, die wir beide miteinander verbracht hatten. Sie war nicht immer meine Mutter gewesen. In vielen Leben hatte sie eine ganz andere Rolle eingenommen, und fast immer war sie dabei eine Person, die eine wichtige Bedeutung für mich spielte. In einer Szene erkannte ich sie als meinen jüngeren Bruder, mit dem ich mir die Last und die Verantwortung in einer sehr schweren Familiensituation teilte. Wir waren beide sehr jung, kümmerten uns um unsere kranke Mutter und ertrugen die gnadenlose Kälte unseres Vaters. Er ließ seine Wut unkontrolliert an allem aus, was ihm im Wege stand, und war dabei unerbittlich. Wir beide waren ständig auf der Hut vor ihm und versuchten, unsere Mutter zu schützen, indem wir seine Aufmerksamkeit auf uns lenkten. Die Bilder, die ich sah, und die Erinnerungen, die dabei in mir auftauchten, machten mich sehr betroffen. Für meinen kleinen Bruder war ich der einzige Halt in seinem Leben gewesen, und als ich durch die Hand des Vaters starb, war er ihm allein ausgesetzt.

Wie oft in meinem Leben hatte ich meine Mutter nicht verstanden, wie oft war ich wütend auf sie gewesen, wenn sie sich machtlos zeigte oder Angst vor etwas Unbekanntem hatte. So vieles in unserem gegenseitigen Verhalten ergab mit einem Mal Sinn, als ich die Zusammenhänge erkannte. Alles, was ich bisher nie verstanden hatte, fiel von mir ab, als ich unsere Seelenaufgaben füreinander begriff. Sie wollte sich in diesem Leben unter anderem der Herausforderung stellen, ihre Ängste und ihr damit verbundenes Gefühl der Ohnmacht zu lösen. Auf der anderen Seite brauchte ich, um meinen Lebensplan zu erfüllen,

Hilfe bei denselben ungelösten Themen. Da ich für mich in diesem Leben eine Schulung in bedingungsloser Liebe gewählt hatte, waren wir uns gegenseitig wieder einmal die perfekten Lehrmeisterinnen. Sie half mir durch ihr Vorbild, als junges Mädchen Gefühle der Angst und Hilflosigkeit entwickeln zu können, um dann im Lauf meines Lebens Wege zu finden, mich daraus zu lösen. Ich wiederum forderte sie stets dazu heraus, in ihre Kraft zu kommen und sich über ihre selbst gesteckten Grenzen hinauszubewegen.

All diese Erkenntnisse ließen mich unsere Verbundenheit aus einem noch viel höheren Zusammenhang erkennen. Wir waren nicht nur Mutter und Tochter, nicht nur auf seelischer Ebene oder durch viele verschiedene Erfahrungen miteinander verwoben. Wir waren in Wahrheit *eins*. Nichts trennte uns. Nichts unterschied uns. Wir beide stammten aus derselben Quelle.

Der Sinn dieser Erkenntnis wurde mir noch deutlicher, als mir mein lichtvoller Begleiter die Verbindung zu meinem Vater vor Augen führte. Auch hier nahm ich in erster Linie die bedingungslose Liebe wahr, mit der wir uns auf seelischer Ebene wertschätzend gegenüberstanden. Als mein Vater war er jedoch der Mensch in meinem Leben gewesen, der meine schwersten emotionalen Wunden verursacht hatte. Er war für mich immer die übergroße Messlatte gewesen, an der ich meinen Wert festmachen konnte, und mein größter Lehrmeister. Schon von Kindesbeinen an fand ich mich in meiner Offenheit, Spontaneität und meiner Neugierde in ihm wieder. Stets regte er meinen Geist an, über den Tellerrand zu blicken, brachte mir bei, über meine Grenzen zu gehen und hinter allem, was mir im Leben begegnete, einen Sinn zu suchen. Aber er erstickte auch jegliches Gefühl von Einzigartigkeit, Bewusstheit und Verbundenheit in mir. Durch sein Verhalten lernte ich Gefühle der Minderwertigkeit und Machtlosigkeit zur Genüge kennen.

Aus dem seelischen Blickwinkel heraus erkannte ich nun, wie perfekt all diese, teilweise sehr traumatischen Erfahrungen in meinen ganz persönlichen Lebensplan eingewoben waren und zu meinem Thema der bedingungslosen Liebe passten.

Auch wenn ich zu diesem Zeitpunkt noch nicht den vollständigen Überblick über meinen Plan erhielt, so wusste ich doch, wie perfekt alle bisherigen Erfahrungen einem großen, übergeordneten Reifeprozess dienten.

In vielen früheren Leben waren mein Vater und ich Lehrmeister füreinander gewesen. Wir hatten uns bekriegt oder geliebt, waren aber stets durch gegenseitige Achtung miteinander verbunden gewesen. Mir zeigten sich Szenen, in denen wir uns als Wissenschaftler mit ganz ähnlichen Forschungen auf dem Gebiet der Naturgesetze beschäftigten. Wir beobachteten uns gegenseitig mit Argwohn, und einer versuchte, den anderen zu sabotieren. Die Hauptenergie lag auf Konkurrenzdenken und nicht auf einem produktiven Miteinander. Ich sah mich auch als Schüler in der Zeit Echnatons an seiner Seite, ehrfurchtsvoll seinen weisen Lehren lauschend. Meine Bewunderung für ihn schien grenzenlos, und so folgte ich ihm und in unterwürfigem Gehorsam bis zu meinem frühen Tod. In vielen gemeinsamen Leben waren wir Konkurrenten, Gegner oder Lehrer füreinander. Auffallend war dabei die Tatsache, dass wir uns immer gegenseitig anzustacheln und zu inspirieren schienen. Genau wie in diesem Leben auch.

Unsere ausgefeilten Drehbücher

Mein Lehrer schien große Freude daran zu haben, mir die übergeordneten Rollen der Menschen zu zeigen, die für mich in meinem Leben von Bedeutung waren. Er half mir dabei, nicht nur die Aufgabe meines Mannes oder meiner Kinder zu erkennen, sondern auch die jeder anderen wichtigen Person, die bisher Einfluss auf mich und mein Leben genommen hatte. All diese Menschen wirkten aus dieser Perspektive wie wundervolle Schauspieler in einem Lebensfilm, in dem ich für mich die Hauptrolle spielte. Ich war zutiefst berührt, als ich erkannte, wie sehr alles genauestens aufeinander abgestimmt war. Alles passte zusammen, und alles ergab einen Sinn. Für jeden Einzelnen von uns. Die Erkenntnis, wie klein und unbedeutend unser Leben angesichts der Größe unseres wirklichen Seelendaseins ist, tat unglaublich gut und erweiterte meinen Blickwinkel enorm. Besonders erhellend war die Erkenntnis, wie bedingungslos wir alle auf einer hohen seelischen Ebene miteinander verbunden sind. Zu erkennen, dass es keine Trennung gibt, dass wir alle miteinander nicht nur verbunden, sondern aus derselben Quelle stammen und in Wirklichkeit *eins* sind, war großartig. Schon jetzt stand es für mich außer Frage, dass auch mein Unfall und der Aufenthalt bei meinem geistigen Lehrer ein Teil dieses viel größeren Plans sein musste. Auch wenn ich ihn noch bei Weitem nicht überblicken konnte.

Wenn das Unsichtbare sichtbar wird,
kann man nie wieder in die Unwissenheit zurückfallen.

All das, was wir als »getrennt von uns« empfinden, ist Illusion. Die Menschen, die uns in unserem Leben nahestehen und unser

Leben stark beeinflussen, sind – aus einer seelischen Perspektive betrachtet – in Wahrheit wir selbst. Wir stammen aus derselben Quelle, sind aus denselben Gründen hier und immer in bedingungsloser Liebe miteinander verbunden. Alle Schwierigkeiten und Herausforderungen, die wir durch andere Menschen erleben, sind großartige Geschenke, die ohne Ausnahme unserer eigenen Entwicklung dienen und die größten Schätze der Selbsterkenntnis in sich tragen. Wir sind wie eine Gruppe von Schauspielern, die Freude daran haben, immer wieder neue Geschichten zu inszenieren. Wir alle sind dabei unsere eigenen Regisseure und entwerfen die Drehbücher unserer Leben gemeinsam. Wir entwickeln Tragödien und Komödien, bauen Liebes- oder Actionszenen ein und garnieren all das mit einer großen Portion Drama. Jeder ist dabei in seinem eigenen Drehbuch der Hauptdarsteller und übernimmt für alle anderen in ihren Filmen wichtige Nebenrollen. Keiner von uns spielt dabei allerdings immer dieselbe Rolle, denn das wäre langweilig und würde uns auf Dauer vieler Erfahrungen berauben. So tauschen wir sie oftmals untereinander durch und entwickeln gemeinsam ausgeklügelte Pläne, damit jeder für sich genau das erfahren kann, was er erfahren möchte.

Bevor ich unsere Verbundenheit kannte und nichts von dem übergeordneten Sinn meines Lebensdramas wusste, kämpfte ich gegen mich selbst und die Gegebenheiten in meinem Leben an. Ständig fühlte ich mich unterschwellig als Opfer der äußeren Umstände. Als ich jedoch begriff, dass meine Eltern und ich uns in Liebe gemeinsam auf unser Lebensspiel mit all seinen Herausforderungen eingelassen hatten, um *füreinander* Möglichkeiten des Wachstums zu schaffen, erlangte ich Frieden. Der Kampf gegen sie hörte fast augenblicklich auf und machte dem Zustand der vollständigen Anerkennung Platz.

Ich erkannte, dass all die Widerstände, die ich in mir spürte, in Wahrheit niemals gegen das Umfeld gerichtet waren, sondern immer gegen mich selbst.

Das Wissen darüber, dass mir meine Eltern nicht nur ihr Erbgut mitgegeben hatten, ihre Liebe, Weisheit und Weitsicht, sondern auch all die Herausforderungen, die ich zu meinem Wachstum brauchte, nahm unendlichen Druck von mir. Ich hatte erkannt, dass sie mir dadurch lediglich die Grundvoraussetzungen mit auf den Weg gegeben haben, durch die es mir möglich war, in meine schwersten Dramen einzutauchen und sie zu erfahren. All mein Leid, mein Frust und meine Wut auf die Welt, in der ich lebte, hatten ihren Sinn, meinen Sinn. Es waren genau diese Erfahrungen, die ich brauchte und die ich mir selbst für dieses Leben gewählt hatte. Meine Eltern waren lediglich die »Möglichmacher«. Gleichzeitig, und das war ebenso horizonterweiternd, erkannte ich mich selbst als wertvollen Part in ihrem Lebensplan. Meine Rebellion gegen Druck, Enge und Angst gab auch ihnen unzählige Chancen des Wachstums. Mein Verhalten war für sie perfekt, und sie waren in ihrem Wesen für mich perfekt, genau so, wie sie sind. Ich verneigte mich in großer Liebe vor ihnen und brachte ihnen die Anerkennung entgegen, auf die sie ein Anrecht hatten. Somit schloss ich nicht nur Frieden mit ihnen, sondern in erster Linie mit mir selbst.

Der eigene Lebensplan

Die Erkenntnis, dass alles, was uns in unserem Leben begegnet – egal ob es sich um glückliche Umstände oder Herausforderungen handelt –, immer einer höheren Ordnung folgt, war überwältigend für mich. Alles, was geschieht, folgt einem perfekt abgestimmten Plan, und ich befand mich immer an dem für mich perfekten Platz. Ich selbst hatte es für mich so gewählt. Ich hatte mir vor meiner Geburt allerdings auch einen ziemlich ausgeklügelten Schlachtplan für dieses Leben zurechtgelegt. Das Thema Liebe stand zum wiederholten Male für mich an. So vieles wollte ich kennenlernen, erfahren und in einem menschlichen Körper erleben, dass es schwierig wurde, all meine Wünsche in die 83 Lebensjahre hineinzupacken, die ich für mich ausgewählt hatte. Abstriche wollte ich dabei allerdings keine machen, darum entschied ich mich für die Extreme. Radikale Erfahrungen sollten es werden, extreme Herausforderungen und größtes Glück, denn nur so konnte meine lange Liste der Wünsche für dieses Leben irgendwie untergebracht werden. Viele andere Seelen hätte ich mir als Vater und Mutter aussuchen können, doch meine Eltern waren die Richtigen für mich und mein ehrgeiziges Vorhaben. Auch sie hatten die Absicht, ein Leben der Extreme zu leben, und wünschten sich ein Kind, das sie dabei unterstützte. So arbeiteten wir lachend und voller Vorfreude unseren kreativen Lebensplan gemeinsam aus. Viel Raum für Unvorhergesehenes sollte es geben, doch die Eckpunkte standen fest. Für jeden von uns. Auf diese Weise war es uns möglich, genügend Raum für eigene Entscheidungen zu haben und unser eigenes Tempo zu bestimmen.

Nichts geschieht zufällig.
Nichts geschieht ohne unser Zutun.
Nichts geschieht gegen uns, und es gibt keine Gegner.

Für mich persönlich war ein Punkt dabei ganz besonders wichtig. Da ich vor meiner Geburt nicht wusste, ob ich mich in diesem Spiel der Extreme nicht vielleicht verlaufen würde, baute ich mir eine Art »Sicherheitsanker« ein. Egal, wie ich auch als Mensch mit all den Erfahrungen und Herausforderungen umgehen würde, in die Mitte meines Lebens stellte ich einen Weckruf für mich. Spätestens an diesem Punkt wollte ich aufwachen. Egal, wohin ich mich auch verlaufen hätte, dieser Weckruf würde mir den Weg zeigen.

Exakt von diesem im Voraus geplanten Weckruf handelt dieses Buch. Die Erfahrung des Todes und seiner Besonderheiten und auch der namenlose Meister, der mich in die seelischen Ebenen brachte, um mich zu unterweisen – all das hatte ich im Vorfeld selbst festgelegt. Ich bin mir mehr als dankbar für diesen Weckruf, denn ohne ihn hätte ich all die Wunder und Möglichkeiten, die uns menschlichen Wesen zur Verfügung stehen, niemals in diesem Umfang erkannt. Ich hätte mich heillos in Gefühlen der Hilflosigkeit und Ohnmacht verlaufen.

Einsamkeit ist eine Illusion

Ich war so begeistert von diesen komplexen Zusammenhängen und dem übergeordneten Sinn hinter allem, dass es sich wie eine Offenbarung anfühlte. All die vielen Informationen und Erkenntnisse erfüllten mich zutiefst. Ich fühlte mich verbunden und durch und durch bei mir selbst angekommen. Hätte mein namenloser Lehrer an diesem Punkt unsere gemeinsame Reise beendet, hätte sie sich in jeder Beziehung mehr als gelohnt.

»Wer bist du in diesem Spiel?«, tauchte in mir die Frage auf, die ich ihm, diesem grenzenlosen Energiefeld, das mir all das ermöglichte, bisher noch nicht gestellt hatte. »Wenn wir alle füreinander da sind, um uns gegenseitig dabei zu unterstützen, genau die Erfahrungen machen zu können, die wir für uns gewählt haben, wer bist dann du?«

Auf diese Frage schien er nur gewartet zu haben, denn er antwortete mir lachend: »Bist du bereit, einen großen Schritt weiterzugehen? Bist du bereit, dich als das zu erkennen, was du wirklich bist?«

»Ob ich dazu bereit bin?«, lachte ich. »Oh ja, natürlich! Und wie ich das bin. Bereit ist gar kein Ausdruck! Wer bist du, und warum fühle ich mich mit dir so stark verbunden?«

Die Bilder und Erkenntnisse, die nun folgten, sprengten mal wieder alles, was ich bisher für möglich gehalten hatte. Die

Verbundenheit mit meiner Familie und anderen Menschen in meiner Umgebung konnte ich ja noch irgendwie verstehen und einordnen. Das war für mich mittlerweile nachvollziehbar. Was er mir jetzt allerdings zeigte, war für mich nur greifbar, weil er in Bildern mit mir sprach und mir dabei genügend Raum gab, um alles Schritt für Schritt zu erfassen.

Wir sind nie allein

Er begann damit, mir mein jetziges Leben zu zeigen. Allerdings auf eine ganz andere Weise, als er das bisher getan hatte. Ich konnte plötzlich aus einer Art neutraler Beobachterperspektive auf mein Leben schauen, als wäre ich ein Vogel, der die gesamte Landschaft unter sich in Ruhe betrachten kann. Aus diesem Blickwinkel konnte ich mein Leben von der Geburt, über die Umstände meines Todes bis hin zu dem Augenblick, in dem ich mich gerade hier befand, wie in einem Film sehen. In chronologischer Reihenfolge erschien jede einzelne Situation meines Lebens.

Die Umstände meiner Geburt und die meines Unfalls verfolgte ich besonders aufmerksam. Schon als ich geboren wurde, kämpften die Ärzte um mein Leben, denn es war mir damals nicht möglich gewesen, eigenständig zu atmen. Mein winziger Körper kam blau angelaufen zur Welt, und mein erster eigener Atemzug kostete mich unendlich viel Kraft. Ich sah die Ärzte im Kreißsaal, wie sie, ähnlich wie jetzt nach meinem Unfall, hoch konzentriert um mein Leben kämpften und versuchten, mir zu helfen. Aus diesem erhöhten Blickwinkel, den ich im Moment besaß, erkannte ich eine ganz besondere Gemeinsamkeit dieser beiden Situationen: Beide Male konnte ich das goldgelbe Licht meines Begleiters sehen, das den ganzen Raum zu füllen schien. Ob im Kreißsaal in Frankfurt zu Beginn meines Lebens oder im Wohnzimmer vor dem Kamin an seinem scheinbaren Ende – das Licht war dasselbe. Diese Erkenntnis traf mich wie ein Blitz. »Du warst beide Male da?«, fragte ich ihn überrascht. »Ich bin immer da«, antwortete er mir mit ruhiger, klarer Stimme, während sich im gleichen Moment unzählige weitere Situationen meines Lebens zeigten, in denen sein Licht an meiner Seite gewesen war. Mal erkannte ich es ganz in meiner Nähe und manchmal weiter von mir entfernt, doch es war immer da.

Gerade als ich einen Anfang und ein Ende zu begreifen schien, eröffnete er mir weitere Einblicke in unzählige andere Leben, die ich bereits gelebt hatte, und wiederholte lächelnd: »Ich bin *immer* da!« Einmal mehr war ich verblüfft und sprachlos zugleich. Ich erkannte ihn sofort. In jedem einzelnen der so unterschiedlichen Leben war sein goldgelbes, unverwechselbares Licht an meiner Seite.

Nun endlich verstand ich auch, warum er mir von Anfang an so vertraut erschienen war. Dieses einzigartige Gefühl, »nach Hause zu kommen«, und unsere gegenseitige Liebe waren etwas ganz Selbstverständliches und Natürliches. Wir kannten uns einfach zu gut. Egal, was ich jemals erlebt hatte, egal, welche Herausforderungen ich zu meistern hatte, er war immer an meiner Seite gewesen, hatte mich immer begleitet und mir dabei geholfen, mich nie gänzlich zu verlieren. Auch jetzt, da ich diese Zeilen schreibe, erfüllt mich wieder diese unfassbare, grenzenlose Liebe und Verbundenheit, die er mir in diesem magischen Moment offenbarte. Ich spüre sein warmes Lächeln und die Vibration in meinen Zellen, mit der sie auf seine Nähe reagieren.

Kaum hatte ich diese Erkenntnis ein wenig verdaut, lenkte er meinen Blick auf die vielen Tode, die ich gestorben war. Jedes

Mal half er mir dabei, mein Bewusstsein von meinem Körper zu lösen, um in die seelischen Ebenen eintreten zu können. Stets hüllte er mich dafür in seine unendliche Liebe ein und half mir, die gesamte Last des gerade beendeten Lebens loszulassen. Genau so, wie er es auch in diesem Leben getan hatte.

Lächelnd ergänzte er: »Du wirst noch verstehen, dass ich viel mehr bin, als du im Moment glaubst. Ich bin keine Person oder eine einzelne Wesenheit, wie du vielleicht denken magst. Auch ich gehöre zu deiner Familie, bin ein Teil von dir und gleichzeitig mit allem verbunden, was dich ausmacht.« Mein Bewusstsein versuchte, zu begreifen und zu deuten, was ich hier sah und vor allem bei seinen Worten fühlte.

Doch bei der Offenbarung, die nun folgte, wich alle Kraft aus mir. Sein Gesicht, nein seine gesamte Gestalt und vor allem die Schwingung meines so weisen, liebevollen und so vertrauten Lehrers verwandelten sich direkt vor meinen Augen. In seiner Stimme lag mit einem Mal etwas Kraftvolles, Majestätisches und Erhabenes, als ich von einer mächtigen Energiewelle erfasst wurde, die mich auf die Knie fallen ließ.

»Ich zeige dir, wer wir wirklich sind, Anke«, vernahm ich seine Worte wie ein klangvolles Echo aus meinem Inneren, während er vollständig in mich eintrat. Ab diesem Moment, der sich wie ein einziger Atemzug anfühlte, gab es *»mich«* nicht mehr. Ab diesem Moment kann ich nicht mehr sagen, ob er mir seine Welt zeigte oder in meine Wirklichkeit eintauchte, denn sämtliche Grenzen lösten sich auf. Es gab kein »er« mehr, kein »ich«, kein »oben« oder »unten«, keine früheren Leben oder andere Seelen. Alles, was ich jemals als »außerhalb von mir« wahrgenommen hatte, war mit einem Mal in mir vereint. Mit einem Mal war ich ALLES! Alles, was jemals war, und alles, was jemals sein wird.

Es ist ein Ding der Unmöglichkeit, dieses umfassende, grenzenlose Bewusstsein, in dem ich mich befand, mit Worten zu beschreiben. Über den menschlichen Verstand, der alles, was er erfährt, einordnen möchte, ist etwas derart Vollständiges nicht erfassbar und auch für mich nicht erklärbar. Um dir diesen Zustand aber auf eine für dich nachvollziehbare Weise zu beschreiben, würde ich mit dir gerne einmal die Perspektive wechseln.

Der Blutstropfen

Stell dir vor, du wärst ein kleiner Blutstropfen auf der Fingerkuppe deines rechten Zeigefingers. Alles, was du bist, alles, was du von dir selbst glaubst, und alles, was du jemals erfahren hast, ist in diesem kleinen Blutstropfen enthalten. Du *bist* dieser Blutstropfen, und alles andere befindet sich außerhalb von dir.

Stell dir jetzt ein riesiges, universelles Meer vor, das aus reinstem Bewusstsein besteht. Das Meer enthält jede einzelne Erfahrung, jede Schwingung, jede Frequenz aus unserem kompletten Universum und weit darüber hinaus. In ihm ist alles enthalten, was uns Menschen bereits bewusst ist, aber auch alles, was uns nicht bewusst ist und auch nie bewusst werden kann. Die Umwelt, andere Menschen, deine Seele und auch Gott – alles, was du selbst nicht zu sein glaubst, befindet sich in diesem Meer.

Versetze dich wieder in den kleinen Blutstropfen, der du bist, und stell dir vor, wie du langsam von der Fingerkuppe ins Meer tropfst. Du löst dich von der Fingerkuppe, die dir bisher Halt und Sicherheit gegeben hat, und lässt dich ganz bewusst in dieses universelle Meer aus reinem Bewusstsein hineingleiten. Sobald du mit dem Wasser in Berührung kommst, beginnst du, dich zu verwandeln. Es ist für dich absolut unmöglich, ein kleiner roter Tropfen zu bleiben, nachdem du dich mit dem Wasser verbunden hast, denn du löst dich in ihm auf. Alles, was du vorher als »deins« angesehen hast, gibt es nun in dieser Form nicht mehr. Du bist selbst zu etwas viel Größerem geworden. Du selbst bist nun das Meer und bist dadurch mit allem verbunden, was es enthält. Dein Bewusstsein hat sich mit dem kosmischen Bewusstsein verwoben, und es gibt keinen Unterschied mehr zwischen dir und ihm. Ihr seid zu einer Einheit geworden. Auch das Meer selbst ist nicht mehr dasselbe, seit du hineingetropft bist. Du hast es ebenfalls verändert und durch deine Qualitäten bereichert.

Schließe deine Augen für einen Moment und fühle! Nimm dich selbst als diesen Blutstropfen wahr, von dem ich dir hier erzähle. Nimm einmal alles wahr, was du von dir zu kennen scheinst. Alles, was du über dich weißt, deine Vergangenheit, deine Erfahrungen, deinen Körper … einfach alles, von dem du glaubst, dass es dich ausmacht. Du bist dieser Blutstropfen, und in dir ist alles vereint, was dich auszumachen scheint.

Fühle nun, wie du dich auf einer Fingerspitze befindest und ganz langsam in ein riesengroßes Meer hineintropfst – in ein Meer, in dem die gesamte Schöpfung enthalten ist.

Fühle, wie du dich mit diesem Meer verbindest, wie du dich in ihm auflöst und erweiterst.

Du kannst nichts verlieren, was zu dir gehört.
Du hast jedoch die Möglichkeit, so zu tun,
als hättest du dich verloren.

Wie konnte ich mich nur jemals einsam fühlen, von Gott verlassen oder gar bestraft? Die vielen Jahre, in denen ich so unglücklich mit mir selbst gewesen war, konnten nur geschehen, weil ich diese umfassende seelische Verbundenheit vergessen hatte. Wir alle stammen aus dieser Einheit, die sich unser begrenzter Verstand nicht vorstellen kann. Oft hört man von ihr, viel wird uns über sie erzählt, doch sie wirklich zu erfahren ist unmöglich, solange wir uns in einem Körper befinden. Diese Verbundenheit kann man nur ansatzweise über das Gefühl erfassen, und das auch nur, wenn man sich über bisher bekannte Gefühle hinausbegibt in diesen allumfassenden Zustand.

Das Kollabieren des Verstandes

Einige Monate nach meinem Unfall versuchte ich, in verschiedenen Büchern menschliche Erklärungen für das zu finden, was ich erfahren hatte. Ich las einiges über Seelenfamilien, Geistführer und Gott. Durch vieles, was ich da las, konnte ich wenigstens ansatzweise mein Erlebnis einordnen. In einem Buch über Quantenphysik entdeckte ich dann endlich relativ verständliche Erklärungen über die Raum- und Zeitlosigkeit, über das erhöhte Bewusstsein und das Meer der unendlichen Möglichkeiten. Das half meinem Verstand ein wenig dabei, das, was da mit mir geschehen war, einzuordnen. Doch es ist ein riesiger Unterschied, ob man weiß oder glaubt, dass es noch viel mehr gibt, was einen ausmacht, oder ob man es wirklich erfahren hat. Diese Erfahrungen sprengen allerdings die Grenzen unseres Verstandes, denn sie gehen weit über ihn hinaus. Für unseren eingeschränkten Intellekt ist es eine enorme Herausforderung, Grenzenlosigkeit oder Unendlichkeit zu begreifen. Da es in seiner Vorstellung immer einen Anfang und ein Ende, ein *Davor* oder *Danach* geben muss, sprengt das seine Grenzen, denen er von Natur aus unterworfen ist. Sobald er allerdings die Wahrheit erfahren hat, kollabiert er. Er kann nichts mehr infrage stellen, nichts mehr in Kategorien wie höher oder niedriger, größer oder kleiner einordnen. Er gibt sich diesem allumfassenden IST geschlagen, und das gewohnte Schubladendenken hört auf. Jedenfalls war das bei mir so.

Das ist auch eine der wundervollsten Veränderungen, die für mich nach meiner Nahtoderfahrung eintraten. Mein Verstand gab sich geschlagen und ermöglichte mir dadurch, auch weiterhin mit diesem grenzenlosen Gewahrsein verbunden zu bleiben. Seit diesem Zeitpunkt, und das ist jetzt bereits viele Jahre her, begleitet mich dieser Zustand immerzu. Er ist immer da, und ich kann ganz bewusst in ihn eintauchen. Auch die Anwesenheit meines Lehrers ist mir seitdem *bewusst,* und ich spüre seine Anwesenheit ständig.

Nach meiner Rückkehr ging ich allerdings davon aus, dass er mir weiterhin alle meine Fragen beantwortet, mir Ratschläge gibt und ich ihn nur zu fragen brauchte, wenn eine Entscheidung anstand. Diesen Gefallen tat er mir aber nie. Er stand zwar nach wie vor lächelnd an meiner Seite, ließ mich jedoch meine Wege allein finden. Nicht ein einziges Mal nahm er mir eine der vielen Entscheidungen ab, die ich nach meiner Rückkehr zu treffen hatte. Nicht ein einziges Mal half er mir dabei, *Richtig* oder *Falsch* für mich herauszufinden. Meist zeigte er mir lediglich die vielen unterschiedlichen Möglichkeiten auf, die mir zur Verfügung standen, und freute sich dann über meine Wahl – egal, welche ich traf.

Gerade in der ersten Zeit nach meiner Rückkehr fand ich sein Verhalten weniger toll. Mir wäre es viel lieber gewesen, wenn er mir gesagt hätte, welche Schritte jetzt in meinem Leben anstanden und auf welche Weise ich all die neuen Erkenntnisse am besten und leichtesten in mein Leben integrieren könnte. Ich wollte wissen, wie ich mich verhalten sollte, wenn ich mal wieder traurig vor herausfordernden Situationen stand, und verstand nicht, dass er mir keine Antworten mehr gab, obwohl er so nahe bei mir war. Oft war ich enttäuscht, wenn er mir in diesen Momenten lediglich zu verstehen gab: »Du kannst tun, was immer du möchtest, Anke. Folge deinem Gefühl, und dann entscheide dich. Dir steht alles offen.«

Das war nicht das, was ich damals hören wollte, denn ich hatte noch viel zu große Angst davor, meine eigenen Entscheidungen zu treffen. Ich verhielt mich wie ein kleines Kind, das zum Vater aufblickt und ihn fragt, was es tun soll, um dadurch die Verantwortung dankbar in seine Hände legen zu können.

Erst sehr viel später erkannte ich den Sinn hinter seinem Verhalten und das große Geschenk, das darin lag. Er ließ mich innerlich erwachsen werden und brachte mich in meine Kraft. Er ließ mich selbst meine Möglichkeiten erkennen und brachte mir bei zu wählen. Nur auf diese Weise verlor ich meine Angst vor Entscheidungen und erkannte, dass es wirklich kein Richtig oder Falsch gibt.

Genau das ist der Sinn unseres Lebens. Es geht für uns darum, erwachsen zu werden und die Verantwortung für unser Leben zu übernehmen.

Du hast immer die Wahl

Ich erinnere mich an einen Abend, als ich am Bett meines Sohnes saß und ihm zuhörte. Er war gerade in einer schwierigen Phase, denn Entscheidungen standen an, denen er sich nicht gewachsen fühlte. »Sag mir, was ich tun soll, Mama«, bat er mich Hilfe suchend. Ich lächelte ihn an und gab ihm folgende Antwort: »Ich bin der Zeuge deines Lebens, mein Schatz. Ich begleite dich immer und habe dich immer im Blick. Doch es ist nicht meine Aufgabe, Entscheidungen für dich zu treffen, das kannst du ganz wundervoll allein. All die Lösungen, nach denen du suchst, existieren bereits in diesem grenzenlosen Feld der unendlichen Möglichkeiten. Du hast die Wahl, wofür du dich entscheidest. Mach deine Erfahrungen, und finde für dich selbst heraus, was dir guttut und was nicht. Es ist nicht schlimm zu fallen, und es gibt auch keine falschen Wege, die du einschlagen kannst. Alles, wofür du dich entscheidest, ganz egal was, ermöglicht es dir, wertvolle Erfahrungen zu sammeln, sonst würdest du diese Wahl nicht treffen, glaube mir. Ich bin immer da, auch wenn du einmal stolperst oder hinfällst. Ich bin da, wenn du einen für dich perfekten Weg gefunden hast, und ich feiere mit dir bei jedem deiner Siege. Du darfst jetzt erwachsen werden und lernen, dir selbst zu vertrauen. Du darfst dir dabei sicher sein, dass ich mich niemals in deine Wahl einmische, sie immer achte und nur dann eingreife, wenn du dich wirklich in Gefahr begibst. Dann allerdings fange ich dich auf.«

Ich kann mich noch so gut an diese Unterhaltung erinnern, weil ich selbst so überrascht über meine Worte war. Sie kamen mir an diesem Abend wie von selbst über meine Lippen und waren so stark von bedingungsloser Liebe getragen, dass sie keine Fragen offenließen. Auf die gleiche liebevolle Weise fühle ich mich von meinem großen Freund begleitet und geliebt.

Ein vollkommen neuer Blick auf mein Leben

Ich kann nicht genau sagen, wie lange meine Nahtoderfahrung gedauert hat. Es können Sekunden oder auch Jahre gewesen sein, denn dort, wo ich mich befand, existiert keinerlei Zeitgefühl. In meiner Wahrnehmung waren es Jahre, in denen mir eine so unglaubliche Menge an Informationen, Erkenntnissen und Erfahrungen zuteilwurde, dass es für zehn Leben gereicht hätte.

Mein Körper befand sich neun Tage lang in einem künstlichen Koma und wurde von Maschinen überwacht, die ihn beatmeten und permanent sein Befinden kontrollierten. Über Schläuche wurde er mit Nahrung und Flüssigkeit versorgt, und ab und zu bekam er sogar etwas Liebe und Aufmerksamkeit. Jedoch nicht von mir.

Ohne Vorwarnung

Zwei Tage nachdem mein verletzter Körper in das Krankenhaus eingeliefert worden war und ich mich weiter von ihm entfernt hatte als jemals zuvor, geschah plötzlich etwas, das mich sehr verwirrte. Abrupt und ohne Vorwarnung riss es mich aus diesem schwebenden Zustand, in dem ich mich so herrlich frei und unbeschwert fühlte, und zog mich zurück. Alles in mir wehrte sich dagegen, doch ich hatte keine Chance. Innerhalb eines kurzen Moments katapultierte es mich gnadenlos in meinen Körper hinein, und sofort spürte ich wieder seine Schwere und fast unerträgliche Last. Die Erkenntnis traf mich wie ein Schlag. Schockiert wollte ich aufschreien, doch nichts geschah. Kein Ton. Nichts. Ich war so geschockt über diese extreme Veränderung, die ohne Vorwarnung über mich hereingebrochen war, dass mir noch heute der Atem stockt, wenn ich daran zurückdenke. Schlagartig fühlte ich mich gefesselt und geknebelt, versuchte mich verzweifelt wieder auszudehnen, doch nichts half. Ich war regelrecht in meinem Körper gefangen. Nachdem ich mich ein wenig beruhigt hatte, versuchte ich, mich zu orientieren. Als Erstes fiel mir auf, dass ich nicht mehr in meinem ruhigen, weichen Bett auf der Intensivstation lag, sondern von zwei Männern ziemlich unsanft auf einen kalten und harten Metalltisch gehoben wurde.

»Hey, geht das auch ein bisschen sanfter?«, rief ich ziemlich sauer, doch keinen der beiden schien das zu kümmern. Ich fühlte mich in die Zeit zurückversetzt, als ich hier im Krankenhaus angekommen war, nur dass ich mich jetzt *in meinem Körper* befand und nicht mehr so herrlich neutral von außen auf ihn blicken konnte. Ich schien mit meinem Bewusstsein wieder komplett an ihn gebunden zu sein, obwohl er immer noch im Koma lag. Meine Augen waren fest geschlossen, und doch konnte ich durch sie hindurchsehen. Allerdings war es mir nicht mehr möglich, im Raum umherzuwandern.

Wie ich im Nachhinein herausfand, muss das genau der Augenblick gewesen sein, in dem bei mir eine Tracheotomie durchgeführt werden sollte. Dabei wird die Luftröhre geöffnet und eine Atemkanüle eingeführt, um darüber längere Zeit beatmet werden zu können.

Zwei Ärzte in OP-Kleidung und bunten Hauben auf dem Kopf waren anwesend. Eine junge Frau assistierte ihnen bei der Arbeit. Sie hatte mittellange dunkelblonde Haare, wirkte sehr zierlich und schien die einzige Person hier im Raum zu sein, der es wichtig war, dass es mir gut ging. Sie bedeckte mich mit grünen Laken und ordnete sehr gewissenhaft chirurgisches Besteck auf einem Tischchen neben meinem Kopf an. Sie legte ein Kissen und einige Tücher unter meinen Nacken und platzierte meinen Kopf vorsichtig so, dass mein Hals freilag. Während sie meinen Halsbereich desinfizierte, konnte ich ihr unaufdringliches Parfüm riechen und spürte ihr Lächeln. Egal, was sie tat, sie schien mich zu fühlen und war mit ihrer Aufmerksamkeit ganz bei mir.

»Alles wird gut. Das, was hier jetzt gemacht wird, ist wichtig für Sie und wird Ihnen helfen, besser zu atmen. Machen Sie sich keine Sorgen, der Arzt hier ist der beste, den wir haben, auch wenn er manchmal ein bisschen ruppig ist. Er weiß genau, was er tut. Sie sind bei ihm in guten Händen«, hörte ich sie in Gedanken mit mir sprechen. Wenn ich gekonnt hätte, hätte ich sie vor Dankbarkeit umarmt, denn das, was sie sagte, beruhigte mich ungemein. Sie muss meine Angst wohl gespürt haben, und es schien für sie das Normalste von der Welt zu sein, sich mit mir zu unterhalten.

Ich bin in meinem Leben schon oft operiert worden und fürchte mich nicht davor, aber diese Operation wird mir ewig im Gedächtnis bleiben. Nicht, weil ich so starke Schmerzen hatte, sondern weil ich sie vollkommen bewusst miterlebt habe, obwohl mein Körper nachweislich im Koma lag. Absolut unfähig, mich zu bewegen oder auch nur einen Laut von mir zu geben, spürte ich die Finger des Arztes an meinem Hals, den drei Zentimeter langen Einschnitt und auch seine Konzentration darauf. Ich kannte seine Gedanken, die mechanisch und hoch konzentriert auf jeden einzelnen Schritt der Operation gerichtet waren. Im Gegensatz zu der jungen Krankenschwester hatte er allerdings keine Ahnung, dass ich anwesend war, und behandelte meinen Körper wie ein lebloses Objekt. Für ihn war ich nur eine bewusstlose Patientin, die seine Hilfe brauchte. Fachmännisch, kompetent und ergebnisorientiert.

Oh, was habe ich ihm nicht alles zugerufen, während er mir sehr unsanft irgendwelche Schläuche in die Luftröhre schob.

»Hey, ich bin doch kein Stück Vieh! Geht das auch ein bisschen vorsichtiger und langsamer? Hallo, du da, hör auf, mich zu ignorieren, und fuhrwerke nicht so an mir herum! Das tut weh … und außerdem spüre ich das alles. Das kannst du vielleicht machen, wenn ich tot bin, aber nicht jetzt.« Solche und ähnliche Gedanken schrie ich ihm innerlich entgegen, doch das änderte rein gar nichts an seinem Umgang mit mir, geschweige denn an der Situation.

Während der Arzt mit dem Eingriff beschäftigt war, stand seine nette Assistentin die ganze Zeit an meiner Seite und streichelte meinen Arm. Sie sprach dabei ununterbrochen mit mir, ohne jedoch ihre Lippen zu bewegen. Pausenlos ermutigte sie mich durchzuhalten und erzählte mir immer wieder, dass alles gut werde, dass ich hier in besten Händen sei und dass sie auf mich aufpasse.

Leider kann ich mich nicht mehr an ihren Namen erinnern und habe sie später auch nie wiedergesehen, doch sie wird mir ewig in Erinnerung bleiben. Aus irgendeinem Grund wusste sie ganz genau, dass ich anwesend war und sie hören konnte. Diese junge Frau gab mir unendlich viel Kraft und fand genau die richtigen Worte, die mir halfen, meine Angst zu überwinden. Noch heute spüre ich ihre Berührung auf meinem Arm und höre ihre beruhigenden Worte. Kurz danach zog es mich wieder weg. Ich kehrte erschöpft in die Umarmung meines Lehrers zurück, der mir aufmunternd half, mich wieder auszudehnen.

Der Körper hat ein eigenes Bewusstsein

O mein Gott, war das schrecklich gewesen! Nie wieder, nein, nie wieder wollte ich in diesen Körper zurück. Nie wieder diese entsetzliche Hilflosigkeit spüren und das Gefühl, den Umständen so gnadenlos ausgeliefert zu sein. Ich brauchte lange, bis ich die Liebe meines Lehrers wieder fühlen konnte, denn der Schock des Erlebten saß tief. Es hatte mich vollkommen aus meiner Mitte gerissen und mich an all das erinnert, was hinter mir lag. Die Enge meines Lebens, die Depressionen und meine Verzweiflung. All das war mit einem Schlag wieder Realität für mich geworden. Besonders schlimm war es, mich in diesem Körper nicht mitteilen zu können. Dieses Gefühl ist wirklich kaum zu beschreiben. Der Körper ließ sich nicht steuern, ich konnte weder meinen Mund bewegen noch irgendeinen anderen Muskel und war mir dabei vollkommen darüber bewusst über alles, was mit mir geschah. Es wurde etwas mit mir gemacht, dem ich mich nicht widersetzen konnte, und ich selbst hatte keinerlei Einfluss darauf. Ein Gefühl der absoluten Ohnmacht und des Ausgeliefertseins.

Im Nachhinein betrachtet, hatte diese Erfahrung allerdings einen unschätzbaren Wert für mich, wie sich später noch herausstellen sollte.

Als ich mich einigermaßen beruhigt hatte, löcherte ich meinen Lehrer natürlich mit Fragen: »Was war das denn Entsetzliches? Warum habe ich mich in meinem Körper so eingeengt und so machtlos gefühlt? Er fühlte sich wie zentnerschwerer Ballast an, im Gegensatz zu jetzt, wo ich wieder bei dir bin. Hier bin ich Schwingung, Ausdehnung und Raum. Hier bin ich Leichtigkeit, Grenzenlosigkeit und Liebe. Hier bin ich alles, was ich sein möchte. Aber in meinem Körper zu sein war das genaue Gegenteil. Warum nur war er so entsetzlich eng und schwer?«

»Der Körper ist kein Gefängnis, Anke«, antwortete er mir ruhig. »Dein Körper besitzt ein eigenes Bewusstsein, und er hat alles gespeichert, was du in deinem Leben bisher erlebt hast. Dein Körper speichert jeden Gedanken, jedes Gefühl und jede Erfahrung, die du im Leben machst, damit du immer darauf Zugriff hast. Er ist ein Gefäß, Anke. Ein heiliges Gefäß von größter Bedeutung und tiefster Weisheit.« Um seine Worte zu unterstreichen, ließ er mich wieder diese erhöhte Perspektive einnehmen, wie er es schon öfter getan hatte. Jetzt allerdings schien es ihm um etwas anderes zu gehen, denn die Energie fühlte sich um einiges dichter und irgendwie kompakter an. Wie so oft, wenn er mir wichtige Zusammenhänge bewusst machen wollte, ermöglichte er mir, aus einer sehr neutralen Beobachterperspektive auf mein bisheriges Leben zu blicken.

Multidimensionale Perspektiven

Schnell fiel mir auf, dass ich dieses Mal sehr feine Antennen für meine damaligen Gefühle und Gedanken zu haben schien. Zwar sah ich die Bilder, die er mir vermittelte, doch in erster Linie *spürte* ich mein Gefühl in den jeweiligen Situationen und *wusste* um meine Gedanken. Besonders auffallend war auch, dass ich das erste Mal meinen physischen Körper auf eine feinstoffliche Weise wahrnehmen konnte. Er schien ein eigenes Körperuniversum zu besitzen, das aus unendlich feinen, energetischen Strukturen zu bestehen schien und sich ständig wandelte. In diesem lebendigen Energiemeer konnte ich in jeden Bereich meines Körpers eintauchen und seine feinstoffliche Schwingung erkunden. Meine Organe, Blut- oder Lymphbahnen, bis hin zu den Schwingungen meiner Zellen, alles schien aus ganz ähnlichen Weiten zu bestehen wie das Universum – nur dichter. Diese Erkenntnis veränderte meine Wahrnehmung meinem Körper gegenüber schon jetzt radikal.

Mit einem Vergleich möchte ich dir die Mehrdimensionalität meiner Wahrnehmungen, von der ich schon öfter gesprochen habe, veranschaulichen: Die Fähigkeit, räumlich sehen zu können, verdanken wir bekanntlich der Tatsache, dass wir zwei Augen haben. Jedes Auge nimmt dabei ein und dieselbe Szene aus leicht unterschiedlichen Perspektiven wahr, und unser Gehirn errechnet daraus ein Bild mit Tiefenwirkung. Wir nehmen die Welt um uns herum dadurch dreidimensional wahr. Über unsere weiteren Sinne hören wir die passenden Geräusche, riechen Gerüche und spüren Bewegung. All das verknüpft unser Gehirn zu dem, was wir als unsere natürliche Wahrnehmung erleben. Wenn wir zum Beispiel einen Film aufnehmen wollen, richten wir den Fokus einer Kamera auf das Objekt und filmen damit das Geschehen. Verändern wir den Fokus leicht, sodass der Hintergrund unscharf wird, tritt das gefilmte Objekt bereits wesentlich stärker hervor und zieht unsere Aufmerksamkeit auf sich. Wenn wir jetzt allerdings eine zweite Kamera hinzunehmen und das gleiche Objekt aus zwei unterschiedlichen Perspektiven filmen und aus mehreren Richtungen Geräusche aufnehmen, ergibt sich ein 3-D-Effekt, wie wir ihn aus dem Kino kennen. Allein durch eine zweite, parallel wahrgenommene Perspektive ergibt sich für unsere Augen ein wesentlich realistischeres Kinoerlebnis. Das ist die Welt, wie wir sie mit unseren Sinnen erfassen können, und unser Gehirn sorgt dafür, all die Eindrücke für uns zu verarbeiten. Wenn wir uns jetzt allerdings vorstellen, wir hätten nicht nur zwei Kameras auf das Objekt gerichtet, sondern fünf oder gar zehn, kommen wir dieser erhöhten Wahrnehmung schon um einiges näher. Wenn die Kameras nicht nur viele unterschiedliche Perspektiven aufzeichnen könnten, sondern auch alle Gefühle, Gedanken und Zusammenhänge, die für die Szene wichtig sind, wären wir vielleicht schon in 7-D angekommen. Diese Art der Wahrnehmung ist rein theoretisch jedem Menschen möglich. Was uns daran hindert, sind unsere begrenzten Überzeugungen und Vorstellungen der Realität.

Wie in einem 7-D-Film wurden mir aus den unterschiedlichsten Perspektiven sämtliche Zusammenhänge gezeigt, um mir die umfangreichen Erkenntnisse zu verdeutlichen. Wie schon öfter erwähnt, hatte ich in diesem erhöhten Bewusstseinszustand – losgelöst von meinem Körper – die Möglichkeit, in einem einzigen Augenblick die schwierigsten Zusammenhänge bis ins kleinste Detail erfassen zu können.

Fragte ich zum Beispiel nach der Entstehung des Universums, öffneten sich im selben Moment mehrdimensionale Hologramme, die mir komplexes Wissen darüber offenbarten. Richtete ich hingegen meine Aufmerksamkeit auf die seelische Entstehung, wurde mir im gleichen Augenblick die schöpferische Existenz mit all ihren kreativen Ausdrucksformen bewusst. Ich erkannte das schier endlose Bewusstseinsfeld meiner Seele, begriff die Substanz und Ausrichtung jedes einzelnen Aspektes von ihr und erfuhr mich dadurch selbst als Teil des Ganzen.

Egal, auf welchen Bereich ich meine Aufmerksamkeit richtete – im gleichen Moment eröffneten sich mir alle Zusammenhänge. Nicht nur visuell, sondern besonders durch Erkenntnis.

Das erklärt auch, warum so viele Menschen, die eine Nahtoderfahrung erlebt haben, dabei teilweise so unterschiedliche Erfahrungen machen. Auch wenn viele Erlebnisse sich gleichen, etwa die Erfahrung der bedingungslosen Liebe, die fast jedem offenbart wird, richtet jeder Mensch seine Aufmerksamkeit jedoch auf genau die Bereiche, die für ihn persönlich wichtig sind, und erhält auch nur dort seine Antworten. Verstorbene Angehörige in diesen seelischen Ebenen wiederzutreffen lag zum Beispiel nicht in meiner Aufmerksamkeit. Niemand aus meiner nahen Familie war bisher gestorben, und so war es auch nicht verwunderlich, dass sich mir niemand zeigte. Das kam alles erst später.

Mein persönliches Interesse galt fast ausschließlich dem Sinn des Lebens, dem Sinn meiner Erfahrung in einem Körper und dem Sinn der Trennung von den göttlichen Ebenen. Rückblickend betrachtet hatte genau diese Sinnsuche zu meinem Unfall geführt und dadurch zu der Möglichkeit, auf diese wunderbare Weise auf all meine Fragen Antworten zu erhalten.

Der übergeordnete Blick auf mein Leben mit seinen Erfahrungen gehört deshalb bis heute zu den Abschnitten meiner Nahtoderfahrung, die den nachhaltigsten Eindruck in mir hinterlassen haben.

Verschiedene Sichtweisen auf mein Leben

Doch nun lass uns den Bogen noch ein wenig weiter spannen, denn das tat mein Lehrer auch, als er abermals meine Wahrnehmung in eine neue Richtung lenkte.

Wie bereits erwähnt, konnte ich mein Leben wie einen Film betrachten, in den ich ganz nach Belieben eintauchte, wann immer ich wollte. Meine Aufmerksamkeit war dieses Mal aber nicht nur auf meine unterschiedlichen Erfahrungen gelenkt und inwieweit mein Körper auf sie reagierte, sondern mir wurde zusätzlich mein feinstoffliches seelisches Wesen gezeigt. Die Sicht aus zwei unterschiedlichen Perspektiven, einmal physisch, einmal seelisch, machten mir die Zusammenhänge, die nun folgen sollten, noch bewusster.

Ich sah mich unmittelbar nach meiner Geburt als winziges Baby – von einem strahlenden, leuchtenden Lichtfeld umgeben –, das mit seinen ersten Atemzügen kämpfte. Ärzte standen um mich herum, drehten und wendeten meinen kleinen Körper, der noch keine Berührung kannte, und machten mir Angst. Ich war gerade erst aus dem schützenden Bauch meiner Mutter herausgepresst worden und fand mich auf einem kalten und harten Untergrund wieder. Grelles Licht und kalte, harte Geräte an meiner Haut, laute Stimmen um mich herum und große Hände, die mich berührten – ich war völlig überfordert. Diese ersten Erfahrungen speicherten sich unweigerlich in meinen Zellen ab.

»Geht weg! Lasst mich doch alle in Ruhe! Ich schaff das alleine!«, wurde zu meiner ersten Entscheidung und sollte mein gesamtes weiteres Leben prägen.

Ich wurde 1968 in Frankfurt in eine Zeit des Umbruchs und der Neuausrichtung hineingeboren. Mein Vater war damals ein junger Student der Medizin und meine Mutter die liebevollste Mutter, die ich mir hätte aussuchen können. Ein strahlendes, offenes Kind und noch vollkommen mit meiner seelischen Heimat verbunden. Alle Eindrücke saugte ich begierig auf, denn ich spürte schon damals, dass dieses Leben sehr wichtig für mich werden würde. Meine kindliche Vorfreude und Neugierde auf dieses Abenteuer erfüllen mich noch heute mit großer Liebe für mich selbst.

Der Kokon des Bewusstseins

Ich blickte auf meine ersten Lebensjahre zurück und musste lachen, als ich die kleine Anke dabei beobachtete, wie sie mit ihrer grenzenlosen Wissbegierde alles ausprobieren wollte, was ihr geboten wurde. Und das war vieles. Sie war so offen für alles Neue, und gleichzeitig besaß sie die Gabe, intuitiv genau zu wissen, was ihr guttat und was sie brauchte. Als ich auf diese Zeit meines Lebens zurückblickte, wirkten ihre natürliche Leichtigkeit, Offenheit und Unbeschwertheit regelrecht ansteckend.

Allerdings wusste ich ja schon ansatzweise, dass ich mir für dieses Leben vorgenommen hatte, *bedingungslose Liebe* erfahren zu wollen, und so wunderte ich mich sehr, dass ich mir von zwei möglichen Wegen immer den schwierigeren auszusuchen schien. Die Offenheit, mit der mein Leben begonnen hatte, verblasste mit den Jahren immer mehr, und ich konnte erkennen, wie sehr ich mich zielsicher von einer Sackgasse in die nächste manövrierte. Mit Leichtigkeit hatte das, was ich sah, nicht mehr viel zu tun, da mit den Jahren Selbstzweifel und Ängste stetig zunahmen. Schon bald wirkte ich regelrecht isoliert. Es machte den Anschein, dass Gefühle der Einsamkeit und der Überforderung meine natürliche Leichtigkeit vollkommen verdrängt hatten.

»Das verstehe ich nicht«, kam der Gedanke in mir auf. Warum veränderte sich mein Gefühl für mich selbst so enorm? Wo waren die Offenheit und die Verbindung zu meiner Seele geblieben?

Als Antwort auf diese Frage lenkte mein Lehrer meine Aufmerksamkeit auf eine immer dicker werdende dunkle Schicht, die sich wie eine Kugel um mein helles, feinstoffliches Energiefeld gebildet hatte. Diese Kugel wirkte wie ein dichter, undurchlässiger Kokon, und er schien dafür verantwortlich zu sein, dass ich die Verbindung zu meiner seelischen Heimat zunehmend verlor. Ich war sprachlos und fasziniert zugleich. Plötzlich begann ich zu begreifen, warum ich mich immer so isoliert gefühlt hatte. Mein Lehrer zeigte mir in der nun folgenden Schulung sehr eindrücklich, wie mich genau dieser Kokon schleichend von all den seelischen Ebenen trennte, mit denen ich noch bei meiner Geburt so natürlich verbunden war. Mir fiel auf, dass er umso dicker wurde, je mehr ich mein Denken und Handeln nach den Vorstellungen meiner Umwelt ausrichtete, mich also den Vorgaben meiner Eltern und Lehrer anpasste. Gleichzeitig verlor ich das Gefühl für mich selbst. Mein Lehrer zeigte mir deutlich auf, wie ich mich zu meinem schlimmsten Feind und meinem härtesten Kritiker entwickelte. Egal, was ich tat, nichts war mir gut genug, und zur Belohnung strafte ich mich selbst mit Schuldgefühlen. Je mehr ich mein ursprüngliches Wesen aus den Augen verlor, desto mehr verlor ich alles, was mich erfüllte. Ich passte mich an, ordnete mich unter und begann, mich vor all dem zu verstecken, was mir Angst machte. Die Kugel um mich herum war mein ständiger Begleiter und schien eine große Rolle zu spielen. Ich sah die verschiedensten Etappen meines Lebens, konnte vor- und zurückspulen oder ganz nach Belieben in eine Situation eintauchen, um mich vollkommen in sie hineinzuversetzen. Dadurch wurden bestimmte »Eckpunkte« meines Lebens deutlich, an denen ich wichtige Entscheidungen getroffen hatte. Als ich die Auswirkungen dieser Entscheidungen sah, tauchten gleichzeitig die Alternativen dazu auf, und mir wurde gezeigt, was gewesen wäre, wenn ich mich anders entschieden hätte. Mir wurde klar, dass es in meinem Leben in keiner Weise um Ruhm, Reichtum oder ein ungetrübtes Familienglück ging. All das, was wir Menschen uns oft so sehnlich wünschen, hätte meinem Leben keinen Sinn gegeben. Ich sah die Wege, die ich gegangen war, und auch jene, die ich nicht eingeschlagen hatte, konnte sehen, wo meine Begabungen lagen, konnte meine Lernschritte erkennen und woran es lag, dass ich mich so weit von mir selbst entfernt hatte.

Mich erfüllte tiefstes Mitgefühl, als ich auf dieses kleine Häufchen Elend blickte. War das wirklich ich?

Wie kann man nur so gemein gegen sich selbst sein? Wie kann man nur so gnadenlos grausam, so hart und unerbittlich seine eigene Natur zerstören? Jedes Mal, wenn ich mich angepasst und untergeordnet hatte, hatte ich mich selbst verleugnet. Ich war so sehr damit beschäftigt gewesen, anderen Menschen zu gefallen, dass ich mich selbst dabei unweigerlich verlieren musste. Viel zu oft verurteilte ich mich für meine Worte oder Handlungen. Ich hatte verlernt, meiner angeborenen Intuition zu vertrauen, und kontrollierte stattdessen alles in mir. Kein liebes Wort fand ich für mich selbst, stattdessen hagelte es Kritik an allem und jedem, was ich tat.

Mir wurde gezeigt, wie sehr mein Leben von der Angst vor Verurteilung und Zurechtweisung geprägt war. Alles, was ich tat, tat ich nur, um geliebt zu werden. Anerkannt zu sein. Doch der Mensch, der mich am schlimmsten verurteilte, der mich am wenigsten liebte, war ich selbst. Ich hatte immer geglaubt, im Außen um Liebe zu kämpfen, doch der eigentliche Kampf fand tief in mir statt. Wie konnte ich nur so grausam mit mir selbst ins Gericht gehen?

Auch mein Körper schien eine wichtige Rolle bei all diesen Erfahrungen zu übernehmen. Als ich meine Aufmerksamkeit auf ihn richtete, bestürzte mich sehr, was er mir zu verstehen gab. Jeder negative Gedanke und jedes destruktive Gefühl wurden die ganzen Jahre über in meinen Zellen gespeichert. *Mein Körper* war der Zeuge meines Lebens. Jede Zurechtweisung und jede Kritik sammelte sich in bestimmten Körperregionen an. Es gab Bereiche, in denen der Schmerz der vergangenen Erfahrungen so festzusitzen schien, dass sie sich als große, dunkle Steine zeigten. Mein Körper trug die Einsamkeit, die Angst und auch die Abwehr meines Lebens in sich. Nun verstand ich auch, warum er sich so entsetzlich schwer und eng angefühlt hatte, als ich bei der OP in ihn hineingezwängt wurde. Er wirkte dunkel, traurig und unendlich müde.

Eines war allerdings während meines ganzen Lebens gleich geblieben: Das helle, leuchtende und strahlende Lichtfeld, das mich seit meiner Geburt umgab, war immer noch vorhanden. Zwar hatte es sich in seiner Intensität verändert, doch es erfüllte mich in jeder Sekunde meines Lebens und schien auf etwas zu warten. Durch dieses Lichtfeld stand mir permanent alles zur Verfügung, was mich an meine wahre Natur hätte erinnern können, wenn ich es nur wahrgenommen hätte! Von diesem Lichtfeld, das mich umgab, gingen unzählige, feinste Lichtfäden aus, die sich in alle Richtungen ausdehnten. Durch sie war ich nicht nur mit allem, das existierte, verbunden, sondern sie stellten auch die unzerstörbare Verbindung zu meiner seelischen Heimat her.

Alles war da! Da suchte ich mein Leben lang nach Liebe und Halt im Außen und würdigte mich dabei selbst keines Blickes. Ich war entsetzt! Wie konnte ich nur so blind mir selbst gegenüber gewesen sein?

Wenn du wüsstest, welch wundervolles
und reiches Wesen du bist,
wäre es dir nicht möglich, lieblos zu dir sein.

Mein Blick aus heutiger Sicht

Wir können nur so blind durch unser Leben laufen, weil wir vergessen haben, woher wir kommen. Wir haben vergessen, wer wir wirklich sind und was uns ausmacht, haben vergessen, dass wir zu all unseren seelischen Bereichen Zugang haben und mit ihnen vollständig verbunden sind.

Durch diesen sagenhaften Überblick auf mein bisheriges Leben verstand ich plötzlich, warum ich so hart mit mir ins Gericht gegangen war, warum ich pausenlos versuchte zu funktionieren, und ganz besonders verstand ich meine fast verzweifelte Suche nach dem Sinn meines Lebens.

Dieser dunkle und einengende Kokon, den mir mein geistiger Lehrer das erste Mal wirklich bewusst machte, spielte dabei eine ganz entscheidende Rolle. Seit ich ansatzweise seine Funktion und Wirkungsweise erkannte, verstand ich auch, warum ich die Liebe, nach der ich mich so gesehnt hatte, immer im Außen gesucht hatte und sie nicht in mir fand. Sie war auch im Außen! Ich lag mit meiner Suche richtig. Jedoch betraf dieses »Außen« nicht meine Mitmenschen oder die Umwelt an sich, sondern die Bereiche außerhalb meines Kokons. Er wirkte wie ein undurchlässiger Filter, ja fast schon wie ein Schutzwall, der auch oft als »Ego« oder »Schleier des Vergessens« bezeichnet wird.

Nur durch ihn haben wir die einzigartige Möglichkeit, Gefühle der Einsamkeit, der Wut und der Angst überhaupt wahrnehmen zu können. Das ist zwar oft traurig und fühlt sich nicht besonders angenehm an, hat allerdings einen großen Sinn für uns. Wüssten wir um unser *Wahres Wesen* und um diese bedingungslose Liebe, die unsere Hauptqualität darstellt, wären fast alle unsere menschlichen Erfahrungen nicht möglich. Niemals.

Aus seelischer Sicht geht es uns nicht darum, als Mensch ein leichtes Leben zu führen. Wenn es leicht wäre, gäbe es nämlich nichts, woran wir wachsen könnten. Auch das hatte ich bisher erkannt. Durch die vielen bisher gelebten Leben, die mir mein Lehrer gezeigt hatte, wusste ich bereits, dass es mir dabei immer nur darum ging, *Erfahrungen* zu machen. Erfahrungen durch Gefühle und Erfahrungen durch meine Gedanken – denn auch das ist nur mithilfe des Kokons möglich, wie ich später noch zur Genüge erkennen durfte.

Um es mal ganz einfach auszudrücken, was ich bisher gelernt hatte: Wir SIND bedingungslose Liebe, begeben uns aber dann auf eine Reise, in deren Verlauf wir sie vollkommen vergessen, um sie dann – mit unseren Gefühlen und Gedanken und getrennt von unserem Ursprung – in uns selbst wiederzuentdecken. Oder anders ausgedrückt: Der Sinn des Lebens ist es, diese bedingungslose Liebe zu uns selbst und unserer Umwelt durch und durch zu erfahren.

Dabei spielt es keine Rolle, was wir im Leben als schwer, leidvoll oder zerstörerisch erlebt haben: Die Trennung von unserem *Wahren Wesen* ist immer die Ursache. Es gibt keinen anderen Grund.

Sobald wir in unserem Leben aber damit beginnen, langsam aus unserem Tiefschlaf aufzuwachen, öffnen sich ganz automatisch verschiedene Türen in die richtige Richtung, und wir erinnern uns allmählich an das, was schon immer unsere ursprüngliche Essenz war. Egal, wie weit wir uns auch von uns selbst entfernt haben, jeder von uns gelangt an den Punkt, an dem er aufwacht. Auch wenn es der Moment des eigenen Todes ist.

Ich möchte es gern noch einmal betonen: Alles, was du suchst, ist bereits da! Nichts war jemals wirklich von dir getrennt und wird es auch niemals sein. Du kannst weder zerstört werden, noch kannst du jemals etwas verlieren, das unumstößlich zu dir gehört. Du bist ständig mit allem verbunden, was du so verzweifelt suchst – du hast es nur vergessen, und dadurch ist es dir nicht mehr bewusst.

Irgendwie erschien mir unser menschliches Verhalten plötzlich total verrückt! Da glauben wir tagein, tagaus, etwas tun zu müssen, um geliebt oder anerkannt zu werden. Wir verbiegen und verraten uns selbst, nur um das Gefühl zu haben dazuzugehören. Wir verausgaben uns, überschreiten unsere eigenen Grenzen, nur um das Gefühl zu haben, wertvoll zu sein. Wir versuchen, alles in uns und um uns herum zu kontrollieren, nur um uns sicher zu fühlen. Doch würden wir uns auch so verhalten, wenn wir uns bedingungslos geliebt fühlen würden? Wenn uns voll und ganz bewusst wäre, dass wir ein wertvoller Teil all dessen sind, was existiert? Wenn wir wüssten, dass wir das Meer sind und nicht nur ein kleiner Tropfen? Würden wir mit uns selbst so hart ins Gericht gehen, wenn wir wüssten, welch wunderschönes, fein schwingendes Wesen wir in Wahrheit sind?

Garantiert nicht! Genau das ist aber auch der Grund, warum wir hier sind. Wir wollten diese Trennung und die damit verbundene Isolation mit all ihren Auswirkungen erleben. Genau aus dem Grund haben wir uns unseren physischen Körper ausgewählt, denn nur durch ihn bekamen wir die Möglichkeit, in die Illusion der Zeit und des Raumes einzutreten. Nur dadurch war es möglich, uns innerhalb der Dualität als »getrennt von« ALLEM-WAS-IST zu erfahren. Es war unser Plan, ein einzelnes, getrenntes Individuum zu sein und unsere wahre Heimat zu vergessen. Dieser Schleier des Vergessens, der sich um uns legte, war für unsere Abenteuerreise unabdingbar. Er gab uns nämlich die Möglichkeit, die verschiedensten Erfahrungen der Enge und Schwere machen zu können. Er gab uns die Gelegenheit, die Umstände des Lebens als Herausforderung zu erfahren und sie auf unsere eigene Weise meistern zu lernen.

Wir sind nicht hier, um zum Opfer der Umstände des Lebens zu werden, auch wenn es sich oft so anfühlt. Wir sind vielmehr hier, um zu lernen, uns selbst zu lieben – egal, wie die Umstände im Außen sich zeigen. Viele Dinge, die auf den ersten Blick problematisch oder negativ erscheinen, bieten große Chancen und stellen sich im Rückblick oft genau dafür als die wertvollsten Geschenke heraus. Durch sie können wir lernen, unseren Blickwinkel zu verändern, und uns auf die Suche nach uns selbst begeben. Krisen zwingen uns manchmal die Veränderungen regelrecht auf, doch es liegt an uns, den Sinn dahinter zu erkennen und Entscheidungen zu treffen. Wir alle werden unweigerlich eines Tages an einen Punkt gelangen, an dem wir uns nicht länger vormachen können, wir seien isoliert. Wir sind Teil des großen Ganzen, auch wenn wir noch so sehr die Augen davor verschließen – mit der Folge, dass wir uns weiterhin klein fühlen. Je schwieriger es im Leben wird, desto lauter ist in Wahrheit der Weckruf und die Chance, uns an unser *Wahres Wesen* zu erinnern. Sobald wir unseren Blick heben und das Wunder anerkennen, das wir sind, finden wir unweigerlich nach Hause zurück. Nach Hause in uns selbst. Wir brauchen weder die Liebe im Außen zu suchen noch einen Erlöser oder einen Gott, der uns von unserem Leid befreit. Die einzige Person, deren Liebe wir in Wahrheit suchen, sind wir selbst, und die einzige Person, die uns aus unserem Leid erlösen kann, auch.

Denk an den Blutstropfen, von dem ich dir erzählt habe. Dieser Tropfen, der bildlich gesprochen für dich steht und der alles in sich trägt, was du von dir zu wissen glaubst, all das, womit sich dein momentanes »Ich« in dieser Welt wahrnimmt. Das, was wir Ego nennen, befindet sich in diesem Blutstropfen. Oder anders ausgedrückt: alles, was du innerhalb deines Kokons als deine Realität wahrnimmst. All das, was wir von uns glauben, ist in vielerlei Hinsicht von wesentlicher Bedeutung für unsere bewusste Entwicklung, doch es kann auch zerstörerisch sein.

Erst unser Ego schenkt uns nämlich die Möglichkeit, uns als Mensch in einem Körper mit einer individuellen Persönlichkeit zu erfahren. Unser Ego hilft uns dabei, uns zu individualisieren, doch das kann es nur, wenn es uns dazu erst einmal von unserem *Wahren Wesen* trennt. Nur dadurch können wir in diese Illusion abtauchen. Sobald aber der innere, bewusste Wandel beginnt, erinnern wir uns an unser *Wahres Wesen* und kehren heim. Wir lösen uns und tropfen in das Meer zurück, aus dem wir stammen.

Das Meer der unendlichen Möglichkeiten

All diese Erkenntnisse hatten tiefe Eindrücke bei mir hinterlassen. Ich war bestürzt und ergriffen zugleich. Bestürzt darüber, wie unglaublich hart ich über mich selbst geurteilt hatte und wie lieblos ich zu mir gewesen war. Zeitgleich erfüllte mich aber auch Bewunderung für meinen Mut, mich Hals über Kopf in solche menschlichen Erfahrungen zu stürzen. Ich hätte es mir wahrlich leichter machen können. Durch diesen veränderten Blickwinkel auf mein Leben tauchten bei mir allerdings viele neue Fragen auf. Bisher hatte ich meine Gefühle wahrgenommen, den dunklen Kokon um mich herum und die Dichte meines Körpers gespürt, das helle Lichtfeld erkannt und den Sinn hinter alldem verstanden. Doch was von alldem war nun real? Alles, was mir mein Lehrer hier so greifbar vor Augen führte, war noch vor wenigen Tagen meine Realität gewesen. Ich war vor der unerträglichen Leere in mir geflüchtet, indem ich joggen ging, und haderte mit Gott, weil ich ihn für meinen Zustand verantwortlich machte. Jetzt und hier, nur ein paar gefühlte Augenblicke später, befand ich mich in einem Zustand der allumfassenden bedingungslosen Liebe. Ich fühlte mich durch und durch erfüllt, und mein grenzenloses Bewusstsein konnte alles erfassen, auf das ich meine Aufmerksamkeit richtete. Auch das war real, doch zwischen diesen Erfahrungen lagen Welten.

Mit diesen Gedanken wandte ich mich an meinen Lehrer und fragte ihn: »Wer bin ich denn nun *wirklich*? Bin ich das, was du mir eben gezeigt hast, oder bin ich das, wie ich mich jetzt gerade erfahre? War das, was ich während der Operation erlebt habe, real, oder war es eine Illusion? Irgendwie passt das für mich nicht zusammen.«

»Alles ist gleichermaßen wahr«, vernahm ich seine ruhige Antwort und hörte gleichzeitig bereits eine gewisse Vorfreude aus der Schwingung seiner Worte heraus. Er schien mal wieder genau zu wissen, um was es jetzt ging und welche Schulung für mich anstand.

»Was du für Realität hältst, ist keine Realität«, erklärte er mir gelassen, während er mich dabei lächelnd ansah. »Du definierst Realität als etwas Statisches, Greifbares und Festes. Doch in Wirklichkeit ist gar nichts statisch, greifbar und fest, denn alles, wirklich alles ist ständiger Wandlung unterworfen. Es gibt auch nicht nur eine Realität, denn das, was jeder Mensch für real hält, bestimmt er selbst durch seinen Blickwinkel, verstehst du? Realität ist also nur ein Ausdruck dafür, wie du die Dinge siehst. Ich würde dir viel lieber etwas über Illusion und Wirklichkeit erklären, denn das sind die Bereiche, um die es eigentlich geht.«

Illusion oder Wirklichkeit?

Ich kann dir leider nicht exakt beschreiben, was sich danach vor meinen Augen abspielte. Dafür fehlen mir mal wieder die Worte. Doch das kenne ich schon und habe begriffen, dass unsere Sprache einfach nicht darauf ausgelegt ist, so umfassende Eindrücke anschaulich zu machen. Ich versuche deshalb, dir die Magie dieser Erfahrung bildlich näherzubringen, und hoffe, dass ich dir dadurch ein Gefühl dafür vermitteln kann.

Bisher war ich meist so sehr mit all den Eindrücken beschäftigt, die mir mein Lehrer vermittelte, dass ich kaum auf ihn und sein goldgelbes Energiefeld geachtet hatte. Doch das sollte sich nun ändern! Zunächst erfüllte mich sein fast schon belustigtes Lachen, als er vor meinen Augen seine Gestalt veränderte. Zum ersten Mal zeigte er sich mir in einem menschlichen Körper. Allerdings kann ich mich nicht mehr daran erinnern, wie er genau aussah, denn alles verblasste, als ich den Blick wahrnahm, mit dem er mich ansah. Noch nie hatte ich in so liebevolle Augen geblickt, die mich durch und durch zu kennen schienen. In diesen unbeschreiblichen Augen spiegelten sich Welten. Es wirkte auf mich, als wären sie ein Tor ins Universum und weit darüber hinaus.

Mit großer Verwunderung beobachtete ich, wie sich urplötzlich, durch eine einzige Handbewegung von ihm, seine Gestalt vollständig veränderte. »Das ist die Wirklichkeit«, eröffnete mir mit einem Mal ein kleiner Junge, der mich schelmisch und fast schon herausfordernd angrinste. Er war barfuß, trug kurze Hosen mit blauen Hosenträgern und ein weißes, lockeres Hemd. Mein Erstaunen über seine abrupte Verwandlung schien ihn köstlich zu amüsieren, ohne dass er auch nur die geringsten Anstalten machte, mir irgendwelche Erklärungen zu geben. Stattdessen folgte lediglich ein spitzbübisches Zwinkern, ein Schnipsen mit den Fingern, und mit einem Mal befanden wir uns in einem traumhaften Garten. »Auch das ist die Wirklichkeit«, strahlte er mich mit einem breiten Lächeln an. Unzählige Blumen und Pflanzen, die ich noch nie gesehen hatte, blühten um uns herum, und ein so betörender Duft lag in der Luft, dass mir fast schwindlig wurde.

Kaum hatte ich die vielen Eindrücke auch nur ansatzweise erfasst, schnippte er wieder mit den Fingern, um mir freudig eine weitere »Wirklichkeit« bewusst zu machen. Plötzlich stand nämlich statt ihm eine wunderschöne Frau vor mir – wobei das Wort »schön« sie nicht annähernd beschreibt. Sie trug ein bodenlanges, lichtdurchflutetes Kleid mit einem schmalen goldenen Gürtel. Ihr langes goldblondes Haar schien aus unzähligen funkelnden Diamanten zu bestehen. Am auffallendsten war jedoch ein riesiger, in allen Farben schillernder Diamant auf ihrer Stirn. Noch nie hatte ich ein so schönes Wesen gesehen. Ihr warmherziger Blick schien alles auszudrücken, was wir Menschen mit Begriffen wie Liebe, Weisheit und Wahrheit zu benennen versuchen. In ihr war all das vereint. »Lass mich dir die Wirklichkeit zeigen«, hörte ich sie sagen, und im selben Moment verwandelte sich unsere Umgebung erneut. Statt in einem farbenfrohen Garten befanden wir uns nun hoch oben auf einem verschneiten Berggipfel.

»All das sind Wirklichkeiten, Anke. Die Wirklichkeit ist ein kreativer Schöpfungsprozess. Es ist ein ständiger Prozess, der sich permanent selbst neu erschafft, aus sich selbst heraus schöpft und sich in jedem Moment neu kreiert. Ein Prozess kreativer, bewusster Wandlung. Diese permanente Neuschöpfung ist ein spielerischer, *neugieriger* und sehr bewusster Prozess«, erklärte sie mir, während sie mit einer sanften Handbewegung unsere Umgebung erneut veränderte. Immer noch sprachlos vor Staunen beobachtete ich, wie sie – allein durch ihre Gedanken – nicht nur ihre eigene Erscheinung verwandelte, sondern auch alles, was uns umgab. Immer schneller veränderten sich die Bilder und Eindrücke um uns herum. Wie in Zeitraffer wechselten die Landschaften, und die Gestalt meines Lehrers veränderte sich ständig mit. Er zeigte sich mir als Jesus, Buddha, in der Gestalt eines Indianerhäuptlings oder eines Bären. Er nahm unterschiedlichste Formen und Farben an und wurde zwischendurch auch immer wieder zu reinem Bewusstsein, ohne jegliche Form. Ganz so, wie er es gerade wollte, und es schien ihm spürbar große Freude zu bereiten.

»Du kannst das auch«, lächelte er mir bestätigend zu, während er unsere Umgebung in eine lebendige Sommerwiese verwandelte. »Ich kann dir vieles über diesen Prozess erklären, doch das wird dir nicht wirklich weiterhelfen. Du musst es selbst erfahren, um es zu verstehen. Probier es aus! Was möchtest du erschaffen oder Gestalt annehmen lassen? Triff einfach deine Wahl, und schau, was passiert.«

Das Spiel mit der Realität

Ich weiß noch gut, wie schwer mir die ersten, unbeholfenen Versuche fielen, als ich es selbst versuchte. Für meinen Verstand und meine damalige Sicht der Wirklichkeit war die Realität nicht wandelbar, und das, was mein Lehrer mir hier so spielerisch vermittelte, glich einem Wunder. Allerdings staunte ich nicht schlecht, als plötzlich ein kleiner, schön gewachsener Tannenbaum vor uns stand. Das war die erste Idee, die mir in den Sinn kam, und ich kann noch heute herzlich darüber lachen, wenn ich an diesen Moment zurückdenke. Ein Tannenbaum – wie kam ich nur darauf? Doch es ging um Kreativität und nicht um irgendwelche klugen Erkenntnisse. Doch diesen kleinen grünen Tannenbaum zeigt mir mein Lehrer noch heute – symbolisch –, wenn wir uns über diese Themen unterhalten. Ich hatte einfach nur an einen Tannenbaum gedacht, und schon war er da. Er war für mich ebenso real auf diesen feinstofflichen Ebenen wie die Gestalt meines Lehrers. Schnell erkannte ich, dass hier alles Gestalt annahm, an was ich dachte, und dadurch greifbar und regelrecht fühlbar wurde. Das glich reinster

Zauberei und machte noch dazu einen Heidenspaß. Nacheinander erschienen auf der Wiese ein offener bunter Regenschirm, eine Straßenlaterne, ein Teich mit einem Ruderboot und viele verschiedene Tiere. Lachend schnippte ich wie wild mit meinen Fingern bei jeder neuen Idee, die mir in den Sinn kam, und fühlte mich dabei wie ein kleines Kind, das begeistert die Welt um sich herum entdeckt. So konnte ich bald die Sonne größer oder kleiner machen, es schneien lassen oder die Schneeflocken in Goldfunken verwandeln. Dabei spielte es auch überhaupt keine Rolle, ob ich mich nur auf einen Gegenstand konzentrierte oder alles, was ich erschaffen hatte, zusammen verwandeln wollte. Entscheidend waren nur meine Idee und meine Absicht.

Je mehr ich das Prinzip verstand, desto leichter und spielerischer nahmen meine Gedanken Realität an. Schnell lernte ich auch, meine eigene Gestalt zu verändern. Ich konnte zu einem Baum werden, zu einem Reh und zu dieser atemberaubend schönen Frau, in deren Gestalt er sich mir gezeigt hatte. Es war unfassbar!

»Ich glaube, du hast begriffen, was ich dir vermitteln wollte«, lachte er, nachdem er mich einige Zeit hatte üben lassen. »Du selbst erschaffst deine eigene Wirklichkeit mit deinen Gedanken. Es kommt dabei einzig und allein auf deinen Blickwinkel und deine Aufmerksamkeit an und darauf, worauf du sie richtest. Hast du das verstanden?«

O ja, ich hatte es verstanden – und wie! Er hatte mir auf so leichte, lustige und spielerische Weise gezeigt, dass es allein an meiner Absicht lag, was und wie ich mein Leben gestaltete. Ich war immer noch hellauf begeistert von dieser tollen Erfahrung und hätte am liebsten ewig so weitergemacht, doch er bremste mich sanft in meiner Euphorie.

»Hast du den Umfang all dessen auch wirklich verstanden?«, fragte er mich und sah mich dabei eindringlich an, wie zur

Bekräftigung seiner Worte. »Es gibt keinerlei Wertung. Weißt du noch? Es ist vollkommen gleichgültig, was du dir erschaffst, und du bist in deiner eigenen Wahl durch nichts beschränkt. Du kannst dir aussuchen, was immer du möchtest, und erschaffst es dadurch automatisch. Genauso funktioniert das mit Gefühlen, Erfahrungen oder Situationen. Du selbst warst es, die sich Enge, Schwere und Druck erschaffen hat, und all das wurde zu deiner Wirklichkeit. Du selbst bist der Schöpfer deines Lebens.«

Dein Leben ist ein kreativer Spiegel
deiner eigenen Sichtweise!
Verändere sie, und das Leben passt sich an.

Mein Blick aus heutiger Sicht

Wir alle kennen diese »Felder der unendlichen Möglichkeiten« in- und auswendig. Wir erschaffen und schöpfen mit jedem einzelnen Gedanken all das, worauf wir unsere Aufmerksamkeit richten – jedoch ist uns das meist nicht bewusst.

Wir alle sind die Schöpfer unseres Lebens. Unweigerlich! Jeder einzelne Gedanke, den wir denken, erschafft etwas. Jeder einzelne Gedanke setzt einen Prozess in Gang. Dabei sind wir alle höchst kreativ, denn uns stehen schließlich ständig unendlich viele Möglichkeiten zur Verfügung. In jedem einzelnen Augenblick unseres Lebens treffen wir mit unseren Gedanken wichtige oder auch unwichtige Entscheidungen. Wir entscheiden uns, was wir essen oder anziehen, wie wir auf eine bestimmte Situation reagieren oder ob wir etwas tun oder nicht. Wir entscheiden uns, ob wir eine unschöne Situation verändern oder sie lieber beibehalten. Aus seelischer Sicht erschaffen oder verändern wir dadurch in jedem Moment die Realität in unserem Leben und hätten auch jederzeit die Möglichkeit, es vollkommen neu zu gestalten. Wir haben immer die Wahl, uns für uns selbst oder gegen uns zu entscheiden, für Kampf oder Frieden, für einen schweren oder einen leichten Weg. Doch genau diese »Macht der Wahl« ist uns meistens nicht bewusst. Mir war es früher auf jeden Fall nicht bewusst. Ich wusste zwar, dass ich meine Lebenssituationen verändern könnte, doch meine Angst vor ebendieser Veränderung war stärker. Ich war so sehr davon überzeugt, nicht liebenswert genug, nicht gut genug oder nicht stark genug zu sein, dass ich für mich beschloss: Ich belasse es lieber beim Alten!

Meine Aufmerksamkeit hatte ich stattdessen fast nur auf meine Probleme gerichtet. Ich war mit allen möglichen Bereichen meines Lebens beschäftigt, die ich als schwer und eng empfand. Und aus meiner heutigen Sicht ist mir auch sonnenklar, warum mein Leben unweigerlich immer schwerer wurde. Ich hatte es mir selbst so erschaffen. Ich stand jahrelang, ohne es zu wissen, auf dieser grünen Wiese und erschuf mir alles, was mit Begrenzung, Dunkelheit und Angst zu tun hat. All das nahm in meinem Leben Gestalt an. All das wurde für mich Realität, und je mehr Aufmerksamkeit ich darauf richtete, desto deutlicher drückten sich diese Qualitäten in meinem Leben aus.

Hätte ich damals schon gewusst, zu was ich mit meinen Gedanken wirklich fähig bin, wäre ich wesentlich vorsichtiger und achtsamer mit ihnen umgegangen.

Was ich so spielerisch mit meinem Lehrer erfahren habe, hat seitdem mein Leben vollkommen verändert und enorm bereichert. Heute nutze ich die Felder der unendlichen Möglichkeiten ganz bewusst. Jegliche Angst oder meine frühere

Selbstsabotage haben sich in Luft aufgelöst, und die Aussage meines Lehrers »Alles ist möglich – Alles ist da!« ist für mich kein Buch mit sieben Siegeln mehr, sondern gelebte Realität.

Das Geschenk der Amnesie

Vor einigen Jahren kam ein Mann zu mir zur Beratung, dessen Geschichte ich dir gern erzählen möchte, weil sie so gut passt. Er war 45 Jahre alt und führte ein erfolgreiches, wenn auch sehr stressiges Leben. Beruflich hatte er sich zum Manager einer großen Firma hochgearbeitet, traf jeden Tag wichtige Entscheidungen und trug die Verantwortung für 4000 Mitarbeiter. In seiner Kindheit hatte er einige schwere Schicksalsschläge bewältigt, da er bei einem Autounfall seine Eltern verlor und deshalb in einem Heim aufwuchs. Er hatte schon früh dem Leben den Kampf angesagt.

Als er in mein Leben trat, lebte er mit seiner Frau und zwei entzückenden Kindern in einem noblen Vorort von Hamburg. Sein Leben hatte sich vor einigen Monaten von einem Tag auf den anderen komplett verändert, als er nach einem Unfall vollständig seine Erinnerung verlor. Alles, was in seiner Vergangenheit lag, hatte er vergessen. Er wusste nicht mehr, wie er hieß, ob er verheiratet war und was er beruflich machte. Alles, was er bis zu dem Unfall erlebt hatte, war für ihn ein »graues Nichts«, wie er es mir beschrieb. Er erkannte seine Kinder nicht und wusste nicht mehr, was ihn bisher erfüllt hatte. Alle Erinnerungen waren mit einem Schlag weg.

Interessanterweise sah er diese Tatsache bereits recht positiv, als ich ihn kennenlernte. Er berichtete mir ausführlich davon, was er zusammen mit seiner Familie versucht hatte, um seine verschwundenen Erinnerungen wiederzufinden. Seine Frau und seine Kinder bemühten sich sehr und erzählten ihm viel darüber, was vor dem Unfall für ihn wichtig gewesen war, was er am liebsten aß oder womit er sich gern beschäftigte. Sie führten ihn an bestimmte Orte, begleiteten ihn mehrfach in seine Firma und luden Freunde nach Hause ein. Nichts von alldem brachte seine Erinnerungen zurück. Er erzählte mir lächelnd, dass er sich im Moment wie ein Buch mit fast leeren Seiten sieht. Alles, was ihm seine Familie erzählte, fühlte sich für ihn fremd an. Nichts davon war ihm wichtig, und es hörte sich für ihn an, als erzählten sie ihm von einer vollkommen fremden Person. Er hatte von meinem Unfall gehört und bat mich, ihm dabei zu helfen, seine »leeren Seiten« zu füllen. Er sah seine Situation als Chance, um herauszufinden, was er wirklich wollte.

Ich begleitete ihn einige Monate und erzählte ihm vieles davon, was ich während und nach meiner Nahtoderfahrung erkannt hatte und wie ich das Leben seither betrachte. Wir telefonierten einmal in der Woche, und so wurde ich Zeuge seiner Wandlung.

Er begann, für sich herauszufinden, was ihm Freude macht und was ihm guttut. Da er sich an nichts mehr erinnern konnte, fühlte er sich wie vor einem großen Buffet mit lauter unbekannten Speisen. Er probierte alles aus, was ihm in den Sinn kam, und lernte sich dadurch immer besser kennen. Er probierte auch vieles, von dem ihm erzählt wurde, dass es vor dem Unfall für ihn wichtig gewesen war, doch das meiste davon mochte er nicht. Er brauchte nichts auszusortieren, nichts Altes loszulassen, sondern konnte spielerisch herausfinden, womit er sein Leben gern verbringen wollte.

Heute, fünf Jahre später, ist er einer der glücklichsten Menschen, die ich kenne. Er hat seinen Flugschein gemacht und lässt sich gerade zum Piloten ausbilden. Seine Frau und er haben die Chance genutzt, sich wieder vollkommen neu ineinander zu verlieben, und das größte Glück für ihn ist es, Zeit mit seinen Kindern zu verbringen. Die Familie hat jetzt einen Hund und ist in ein gemütliches Haus an der Ostsee umgezogen. Bei den Menschen, die ihn von früher kennen, hat seine Veränderung großen Eindruck hinterlassen. Viele von ihnen begannen selbst, ihr Leben zu hinterfragen und zu verändern.

Warum erzähle ich dir diese Geschichte? Weil sie so wunderschön beschreibt, worum es für uns im Leben wirklich geht. Was mich allerdings oft traurig macht, ist der Umstand, dass wir Menschen solche Wandlungen erst durchlaufen, wenn es nicht mehr anders geht.

Aus irgendwelchen Gründen haben wir unglaublich große Angst vor Veränderungen. Erst wenn eine Tragödie droht, ein schlimmer Verlust, eine Krankheit oder ein anderer Weckruf, sind wir endlich bereit, uns dem zuzuwenden, was uns wirklich glücklich macht. Wir beginnen zu hinterfragen, was wir da treiben, wie wir unser Leben leben und was wir wirklich möchten. Leider muss es uns oft erst durch Herausforderungen in die Knie zwingen, damit wir längst überfällige Entscheidungen treffen und damit beginnen, unser Leben bewusst zu gestalten.

Die Quelle

Ein sanfter Strom zog mich zielgerichtet immer höher. Wie eine Umarmung umgab mich dieser Sog, der es mir ermöglichte, mich noch weiter auszudehnen als je zuvor. Eine unbeschreibliche Glückseligkeit erfüllte mich, und alles um mich herum schien mehr und mehr aus wunderbaren Klängen, Farben und Schwingungen zu bestehen. Diese Klänge hörten sich wie der schönste und eindrucksvollste Gesang der Schöpfung an. Grenzenlos, durchdringend und so erfüllend, dass sie fast zu greifen waren. Es war ein Gefühl, als hätte sich alles Bewusstsein der Schöpfung hier für mich zu einem Chor versammelt, um mich willkommen zu heißen. Diese Klänge, diese Schwingungen mit Worten zu beschreiben ist absolut unmöglich, und doch versuche ich es natürlich, so gut ich kann. Es war, als hätte sich die Schöpfung selbst als Klang und Farbe offenbart und mich auf diese wundervolle Weise in alles einbezogen, was sie enthält. Diese kosmische Melodie war einfach überall – in mir und um mich herum. Ja mehr noch – ich selbst war dieser Klang und alle Klänge zugleich, jede Farbe und jede einzelne Frequenz. Auch schien ich mich zunehmend in diesem Sog aufzulösen. Diese himmlische Sinfonie zog einfach alles in ihren Bann, was mit ihr in Berührung kam. Wie ein großer kosmischer Strudel himmlischer Klänge, deren Gesang immer erfüllender wurde, je näher man ihrem Zentrum kam.

Auch mein eigenes Bewusstsein verschmolz immer mehr mit dieser umfassenden Sinfonie. Unzählige Farben tauchten vor meinen Augen auf, von denen jede einzelne wie ein Tor in endlose Welten wirkte, und jeder Klang, den ich hörte, bot Zugang in andere Dimensionen. Dieser unbeschreibliche Chor schien miteinander den Tanz der Schöpfung zu tanzen, und er lud mich ein, mich voll und ganz auf ihn einzulassen, um mich mit ihm zu verbinden. Es war das Schönste und Erfüllendste, was ich jemals erlebt habe, und ist mit Worten noch nicht einmal im Ansatz zu beschreiben. Für mich fühlte es sich an, als befände ich mich hier im Zentrum der Schöpfung – der Quelle, aus der alles entstammt und in die alles zurückkehrt. Sie schien mich in sich aufzunehmen, um mir ihre universelle Weisheit wieder ins Bewusstsein rufen zu können. Ach, wie gerne wäre ich einfach hiergeblieben, doch das war nicht möglich. Nichts, was hier geschah, ließ sich auch nur im Geringsten von mir steuern, sosehr ich mich auch bemühte. Wenn ich es hätte beeinflussen können, hätte ich dieses umwerfende, klangvolle Schauspiel in Zeitlupe ablaufen lassen, um es ganz langsam und bis ins kleinste Detail genießen zu können.

Kaum hatte ich all die Eindrücke ansatzweise wahrgenommen, öffneten sich einige dieser Farbstrudel wie Tore in andere Welten. Ich blickte plötzlich auf unsere Erde, die sich nicht materiell, sondern wie ein riesengroßes, kreatives und lebendiges Bewusstseinsfeld zeigte. Alles an ihr war Schwingung, und ich konnte unterschiedlichste Qualitäten wahrnehmen, die sie alle in sich zu vereinen schien. Sie zeigte sich weiblich und männlich zugleich. Sie kam mir wie eine gütige Mutter vor, die auf all ihre Kinder gleichermaßen liebevoll blickt und ihnen den nötigen Raum für Erfahrungen gibt. Noch nie hatte ich die Erde, die ich bisher als so schwer und dunkel erfahren hatte, auf diese wundervolle Weise wahrnehmen können.

Jeder Mensch, jede Seele, der sie eine Heimat bot, stand in Verbindung mit ihr – und zeitgleich mit der kosmischen Quelle, in der ich mich befand. Die Erde und jede Seele war über unzählige, feinste Lichtfäden mit der Quelle verbunden. Das, was ich früher als böse, schlimm oder tragisch bewertet hatte, existierte nirgendwo, egal, wohin ich auch sah. Alles war getränkt und durchzogen von einer unbeschreiblichen Bedingungslosigkeit und schien Raum für unzählige Erfahrungen in den unterschiedlichsten Bereichen zu bieten.

Die Farbspektren, die mir eben noch diesen atemberaubenden Blick auf die Erde gewährt hatten, veränderten sich mit einem Mal, die Klänge und Töne wechselten in eine leicht andere Qualität, und ich nahm wahr, wie sich die Erde entfernte. Als hätte sich ein weiteres Tor geöffnet, tauchte ich nun in einen ganz anderen Bereich ein. Planeten kamen auf mich zu, Sonnensysteme und ganze Galaxien, die von unterschiedlichsten Lebensformen erfüllt zu sein schienen. Welten über Welten öffneten sich meinem Blick, und sie alle standen auf ganz natürliche Weise mit der Quelle in Verbindung. Nichts entging ihrem Klang. Nichts befand sich außerhalb ihrer Sinfonie. Wie hatte ich mich nur jemals allein, getrennt oder gar ohne Lebenssinn fühlen können? Es war, als hätte ich Einblick in die Schöpfung selbst erhalten mit all ihren Wundern. So viele Welten, so viele Dimensionen, und alle Teil eines grandiosen Feuerwerks aus Farbe und Klang!

Jedes Sonnensystem, jede Galaxie und alles, was ich erblickte, besaß sein ganz eigenes Bewusstsein, sein eigenes Schwingungsfeld. Ich konnte keinen einzigen Bereich erkennen, der nicht in dieses Bewusstsein eingebettet schien. Ich sah Dimensionen und Welten, die wesentlich höher und feiner zu schwingen schienen als unsere Erde, mit sehr viel intelligenteren Lebensformen. Andere Bereiche entwickelten sich eher zaghaft, doch alles war durchzogen von dieser kosmischen Sinfonie der Quelle.

Die Gleich-Gültigkeit der Schöpfung

Das Wissen, das mir an diesem Punkt meiner Reise vermittelt wurde, ist kein Wissen, wie wir Menschen es definieren würden. Es ist nichts, was sich mit dem Verstand einordnen lässt, keine Fakten, die ich erklären oder durch irgendetwas belegen könnte. Ich kann all das – auch Jahre später noch – kaum greifen. Was mir vermittelt wurde, kann ich nur als pure Erkenntnis bezeichnen, die meinen begrenzten Verstand bei Weitem übersteigt. Es fühlt sich allerdings so an, als wäre alles, was ich in dieser Zeit erkannte, auf einer anderen Realitätsebene für immer und vollständig ins Gedächtnis meiner eigenen inneren Welt geprägt worden.

Mir ist seither vollkommen klar, dass alle Schwingungsebenen, in denen wir Menschen zu Hause sind, eng und vielfältig mit all den anderen Welten vernetzt sind. Wir alle sind Teil eines grenzenlosen kosmischen Spiels der Erfahrungen und eines allumfassenden schöpferischen Prozesses. Jedes Bewusstsein ist auf seine Weise kunterbunt und unfassbar kreativ. Bildlich gesprochen, sind wir wie unzählige Wassertropfen, die erst zusammen ein Meer bilden.

Wir leben hier auf unserer Erde in den unterschiedlichsten Kulturen, folgen verschiedensten Glaubensrichtungen und unterliegen vielfältigsten Einflüssen. Wir alle tragen unsere eigene, ganz persönliche Wahrheit in uns und erleben unsere eigene Realität. Und doch entstammen wir alle derselben Quelle. Wir alle sind durchzogen von ihren Farbspektren und ihrem

Klang und sind untrennbar mit ihr verbunden. Die Quelle ist bedingungslos. Für sie gibt es kein Richtig oder Falsch, kein Gut oder Böse, kein Ja und oder Nein. Für sie ist alles gleich-*wertig*, gleich-*gültig*, und daher haben wir immer die Möglichkeit, aus dem Vollen zu schöpfen.

Der Schöpfung, Gott oder wie auch immer wir die Quelle nennen möchten, ist es gleich-*gültig*, wie wir unser Leben führen, wobei diese Gleich-gültigkeit auf keinen Fall mit »egal« gleichzusetzen ist. Der Unterschied liegt darin, dass es keine Bewertung in »gut gemacht« oder »schlecht gemacht« gibt, denn das sind rein menschliche Definitionen, die für die Schöpfung nicht existieren. Alles, was geschieht, ist aus Sicht der Quelle gleich-wertig, gleichermaßen wert-voll, und dient einzig und allein dem kreativen Spiel des *Sich-selbst-ständig-Neuerschaffens*. Die Schöpfung möchte, dass wir uns als unseren eigenen Schöpfer erkennen, unsere Erfahrungen machen und uns durch sie weiterentwickeln. Sie möchte, dass wir kreative Entscheidungen treffen und ihre Auswirkungen kennenlernen. Gleichgültig, welche das sind. Da keine Wertung existiert, macht es – aus Sicht der Quelle – auch keinen Unterschied, ob wir leiden oder glücklich sind. All die leidvollen Erfahrungen, in die wir uns meist selbst so erfolgreich hineinmanövrieren, haben aber dennoch einen großen Sinn. Sie erzeugen Leidensdruck, und genau dieses innere Leiden bewegt uns letztendlich dazu, etwas in unserem Leben zu verändern.

Du bist bereits alles, was du suchst!

Mein Blick aus heutiger Sicht

Ich habe diese umfassenden Erkenntnisse wie eine pulsierende Kraft erfahren, die mir bis zum heutigen Tag zur Verfügung steht und mit der ich mich durch und durch verbunden fühle. Ich kann mich an alles erinnern, sogar an das kleinste Detail, oder mich in diese Bereiche hineinversetzen, und nichts von alldem scheint zu verblassen. Das bedeutet allerdings nicht, dass ich jederzeit und immer Worte finde, um diese Erfahrungen zu beschreiben. Wie könnte ich einen Zustand der absoluten Erfüllung und so weitreichende Erkenntnisse auch nur ansatzweise mithilfe von Worten verdeutlichen?

Jetzt, da ich mich wieder in meinem Körper befinde, bin ich allerdings an seine Gesetze gebunden und merke, wie sehr mein Verstand nach »greifbaren Begriffen« sucht, die ihm aber nicht zur Verfügung stehen. Beim Schreiben fällt mir besonders auf, wie meine Zellen auf die hohen Schwingungen reagieren, von denen ich dir zu erzählen versuche. Sie vibrieren wesentlich höher als sonst und wirken auf mich, als würden sie alle Farben und auch den Klang der Quelle zum Ausdruck bringen wollen. In meinem Körper. Ich muss mich immer wieder behutsam aus der Erinnerung an die damalige Erfahrung zurückziehen, damit ich mich weiter auf die Worte konzentrieren kann. Die hohen Bewusstseinsebenen, in denen ich mich in dieser Phase meiner Nahtoderfahrung befand, gehören seither ganz selbstverständlich und natürlich zu meinem Wesen, als wäre es niemals anders gewesen. Eine Trennung existiert nicht mehr, und so ist alles EINS. Während ich für dich schreibe, zeigt mir mein Körper, wie sehr er mit all dem, von dem ich dir hier erzähle, verbunden ist und auch auf meine Gedanken reagiert. Ich spüre das Bewusstsein meiner Zellen, ohne meinen Körper dafür verlassen zu müssen oder durch Meditation meinen Verstand auszuschalten. Das ist eines der größten Geschenke, die ich mitnehmen durfte.

Noch etwas anderes hat sich ganz deutlich für mich seither verändert: Ich kann kaum noch auf die Vergangenheit zugreifen oder über sie *nach*-denken. Ein Nachdenken bedeutet, sich gedanklich in die Vergangenheit zurückzuversetzen und ein vergangenes Geschehen mit seinem Verstand fassen zu wollen. Das ist für mich höchst anstrengend oder löst Kopfschmerzen aus. Angst, vor was auch immer, hat sich in ein ruhiges, wertfreies Beobachten und Annehmen der Umstände gewandelt, denn ich weiß, dass alles – mich selbst eingeschlossen – ständig wandelbare Schwingung ist. Früher hielt ich all das für absolut unmöglich, oder vielleicht nur wenigen, auserwählten Meistern zugänglich.

Heute glaube ich allerdings, dass es uns Menschen sehr wohl möglich ist, mithilfe unserer angeborenen Fähigkeiten bewussten Zugang in diese Bereiche zu erlangen – und sie auch in uns zu verwirklichen, wenn wir das wollen. Das Werkzeug dazu tragen wir alle seit jeher in uns. Wir können unsere Aufmerksamkeit durch unser Bewusstsein steuern, können aufhören, uns mit dem zu beschäftigen, was wir noch nicht zu haben glauben, und unseren Blickwinkel auf das Abenteuer der Selbstentdeckung richten.

Sobald wir es schaffen, den denkenden und permanent urteilenden Verstand zur Seite treten zu lassen, und bereit sind, uns in die höherschwingenden Dimensionen fallen zu lassen, öffnen sich Welten. Ich weiß es. Unsere Zellen besitzen in ihrem Zentrum den direkten Zugang zur Quelle und sind der Schlüssel für eine unmittelbare Erfahrung der Schöpfung über den Körper. Das Wissen um unseren Ursprung, um unsere Verbundenheit mit allem, was existiert, ist in jedem von uns verankert. Immer. Ich bin dabei keine Ausnahme. Ich bin nichts

Besonderes, nicht auserwählt oder habe mir all das durch irgendetwas verdient. In dir ist die Schwingung der Quelle genauso verankert wie in mir, und auch du trägst dieses Wissen wie einen goldenen Schatz in dir. Jede deiner Zellen ist sich tief in ihrem Zentrum dessen BEWUSST. Und jede deiner Zellen wünscht sich nichts mehr, als diese Schwingung, diesen Klang, zum Ausdruck bringen zu dürfen. Genau deshalb bist du hier! Wir müssen nicht erst sterben, um diese Erfahrung zu machen.

Erinnere dich!

Früher habe ich oft gelesen oder gehört, dass wir alle göttlich sind. Dass wir alle ein Teil Gottes sind und er uns unermesslich liebt. Doch damals waren das nur leere Worte für mich. Ich hörte sie, und doch machten sie mich traurig, da ich ihre Wahrheit nicht fühlen konnte. Nichts in mir fühlte sich göttlich, ganz im Gegenteil. Nichts in mir fühlte sich geliebt. Heute sind diese Worte für mich Realität, und sie wurden zu einem Code für mein Leben. Ich habe nicht nur die Erkenntnis um all die Zusammenhänge erhalten, sondern auch den Zustand in mir verankert, in dem ich mich damals befand. Unauslöschlich. Genau das ist der Grund, dass mir die Wahrheit dieser Worte nicht nur bewusst ist, sondern dass ich diese Verbundenheit auch in mir fühle und sie lebe, so gut ich kann.

Heute suche ich nichts mehr, denn ich habe alles gefunden. In mir. Ich muss nicht außerhalb von mir nach etwas suchen, von dem ich glaube, dass es mir fehlt, denn in mir ist alles, was ich *wirklich* bin, verankert. Das ist für mich zu einer unbedingten Wahrheit geworden. Genau diese Wahrheit spreche ich auch innerlich an, wenn Gefühle der Traurigkeit oder

der Trennung in mir auftauchen. Da ich weiß, dass ich in meinem Wesen als Ganzes niemals etwas verlieren kann, sondern meine Wahrheit lediglich vergessen habe, braucht sich dieser Teil von mir nur zu erinnern. Wenn ich also heute traurig bin, tauche ich sanft in das Gefühl ein und umarme es, genauso wie es mein Lehrer mit mir getan hat. Ich nehme diesen verletzten Bereich in mir wahr, mache mir bewusst, dass all seine Gefühle nur entstehen konnten, weil er sich getrennt fühlte, und flüsterte ihm liebevoll zu: »Erinnere dich! Ich zeig dir, wer du bist.«

Der Tanz der Goldpunkte

Noch immer befand ich mich in dem kosmischen Farbenspiel der Quelle, als mich erneut ein Strudel aus Schwingung, Klang und Farbe immer mehr in ihr Zentrum zog. Es fühlte sich an, als würde ich von einem kosmischen Sog ergriffen, der mich sanft, aber stetig immer tiefer in sich aufnahm. Wie ein Wirbelstrom, der alles erfasst, was ihn berührt, und mit sich vereint. Der Klang, der mich umgab, die Farbspektren und die Schwingungen verdichteten sich immer mehr und schienen dadurch noch präsenter zu werden. Wie ein riesiger Chor, in den ständig neue Stimmen einfließen und der dadurch immer lauter, kräftiger und raumfüllender klingt. Voller Intensität zog mich dieser kosmische Strudel in sich hinein, bis ich mich plötzlich, wie durch eine Explosion, in einem vollkommen anderen Zustand befand.

Als hätte mich das Zentrum der Quelle in eine vollkommen neue Seinserfahrung katapultiert, befand ich mich mit einem Mal in einer komplett anderen Umgebung. Hier war es vollkommen dunkel, absolut ruhig und voller Frieden. Im Gegensatz zu der Lebendigkeit der Quelle fühlte ich mich in einer allmächtigen, allumfassenden Leere und absoluter Stille. Als hätte es mich in unzählige Bewusstseinsfragmente zersprengt, war ich in diesem dunklen, friedvollen »Nichts« mit einem Mal ALLES und NICHTS zugleich. Mein Ichgefühl löste sich mehr und mehr auf, und es blieb nur noch diese unbeschreibliche Gegenwart. Staunend wurde ich selbst zu diesem endlosen, ruhigen Nichts. Es war überwältigend. Es gab kein »Ich« mehr, das sich auf einer spannenden Reise befand. Kein »Ich« mehr, dem Erfahrungen so wichtig waren und das Erkenntnis erlangen wollte. Was ich wahrnahm, ist nur mit dem Gefühl einer friedlichen Glückseligkeit oder dem Zustand des »Absoluten« zu vergleichen – doch egal, wie ich es auch benennen möchte, jedes Wort klingt im Vergleich dazu wie eine hohle Floskel. Alles, was entsteht und vergeht, alles, was geboren wird und stirbt, sind Erscheinungsformen dieser ewigen, absoluten Gegenwart, mich selbst eingeschlossen.

Dieser Wandel kam so überraschend, dass ich zu Beginn noch versuchte, mich zu orientieren, doch das war nicht möglich. Es fühlte sich an, als hätte es mich in die unzähligen Partikel eines unendlichen Weltraums zersprengt, der ganz in sich selbst ruht. Ein Zustand, der sich vielleicht als allumfassender Frieden oder Vollkommenheit beschreiben lässt. Umherschwebend, in mir ruhend und gleichzeitig vollkommen aufgelöst, wurde mir bewusst, dass alles, was ich bisher gezeigt bekommen und was ich jemals als Mensch oder als Seele erfahren hatte, nur dieses eine Ziel hatte: mich genau hierher zu führen – in diesen grenzenlosen Raum des Friedens.

Ich bin zu Hause

Als wäre ich selbst zu einem Moment der Ewigkeit geworden, verlor jede bisherige Erkenntnis und jede Erfahrung ihre Bedeutung. Absolut gar nichts war mehr wichtig, nichts zog meine Aufmerksamkeit auf sich. Ich fühlte mich angekommen. Jetzt, da ich versuche, dir davon zu erzählen, tauche ich wieder in diesen erfüllenden Frieden ein und habe dabei das Gefühl, als könnte ich das Buch hiermit beenden. Es ist ein Zustand, der keinerlei Worte braucht, ja in dem jedes einzelne Wort sogar ein Wort zu viel ist, da er bereits alles enthält. Wenn man in diesen schöpferischen Frieden eintaucht, verliert alles andere seine Bedeutung, und unser Bewusstsein entgleitet in eine schier endlose Ewigkeit. Oh, wie gerne würde ich dich hierher zu mir in diesen Zustand holen, um ihn dir bewusst zu machen. Kannst du ihn erahnen? Kannst du ihn vielleicht sogar fühlen, oder kennst ihn bereits?

Nachdem die Quelle mich in dieses allumfassende Gewahrsein hineinkatapultiert hatte, fühlte ich mich angekommen. Ich hatte das Gefühl, als sei genau dieser Zustand mein wahres Zuhause und meine ursprüngliche Natur. In diesem Frieden, in dem ich mich hier auflöste, war alles enthalten, was ich jemals erfahren hatte. Hier war ich in allem angekommen, was IST! Dieser Zustand fühlte sich an, als beinhaltete er die tiefste Essenz meiner selbst oder als wäre es ein Urgrund, in den man nach einer langen, langen Reise zurücksinkt.

Gefühlt vergingen Jahre, doch vielleicht waren es auch nur ein paar Sekunden, als ich wieder die Worte meines Lehrers vernahm. Sie schienen von überall gleichzeitig zu mir durchzudringen und auch aus mir selbst heraus zu klingen. »Was glaubst du, wo du bist?«, fühlte ich seine Worte wie einen sanften Windhauch. »Ich bin … angekommen, ich bin zu Hause, nichts ist schöner und erfüllender als all das hier«, flüsterte ich zurück. Ich vernahm sein warmes, liebevolles Lachen und wusste, auch er war ein Teil dieses unbeschreiblichen Friedens.

Kosmisches Kitzeln

Als würde ich langsam, wie nach einem erholsamen Schlaf, wieder zu mir kommen, nahm ich mit einem Mal um mich herum kleine, goldene, sehr hell strahlende Punkte wahr. Einer nach dem anderen tauchte vor mir auf, und es wurden immer mehr. Kleine und größere Lichtpunkte aus warmem Gold, die durch und durch lebendig schienen, blitzten plötzlich aus der Dunkelheit auf und versprühten dabei eine freudige Lebendigkeit. Sie schienen aus sich selbst heraus zu strahlen und sich ständig teilen zu können, als wollten sie den gesamten Raum mit ihrer Fröhlichkeit erfüllen. Als ich mich auf diese faszinierenden goldenen Lichtpunkte einstimmte, spürte ich die Expansionsfreude und Kraft in ihnen. Je öfter sie sich teilten, desto mehr Lebendigkeit, Wärme und Entwicklungsfreude breitete sich um mich herum aus. Die Freude, die sie an ihrem Spiel zu haben schienen, wirkte herrlich ansteckend, wie das herzerwärmende, glucksende Lachen eines Babys, dem man sich nicht entziehen kann und bei dem man unweigerlich mitlachen muss. Sie wirkten, als befänden sie sich in einem spielerischen Tanz, voller Begeisterung über ihre pure Existenz und zu allem bereit. Einmal mehr war ich sprachlos vor Staunen. Diese Lichtpunkte vermochten den ruhigen, friedvollen Raum in eine lebendige, vor Freude nur so strotzende Fülle zu verwandeln und schienen sich um ein Vielfaches schneller zu bewegen als alles, was ich je gesehen hatte. Ich musste unweigerlich lachen, als ich deren Spiel beobachtete, weil sich ihre Lebendigkeit wie ein kosmisches Kitzeln anfühlte, das unfassbar ansteckend war. Noch nie hatte ich etwas so Leichtes, Spielerisches und Kraftvolles erfahren.

Auf irgendeine mir noch unbekannte, aber wundervolle Weise schien ich mit all diesen Lichtpunkten in Verbindung zu stehen, denn je mehr ich lachte und mich auf ihren Tanz einließ, desto strahlender wurden sie. Wir waren auf magische Weise über unser Bewusstsein miteinander verbunden, und je klarer ich das erkannte, desto mehr Begeisterung kam in mir auf. Ich fühlte mich durch sie plötzlich lebendiger als jemals zuvor, und sie schienen mir ihrerseits alles präsentieren zu wollen, zu was sie fähig waren. Es war ein Gefühl, als würden wir uns gegenseitig durch und durch inspirieren, und von Ruhe und Frieden war nichts mehr zu spüren. Diese warmen, goldenen Lichtpunkte schienen irgendwie auf einer anderen Realitätsebene zu existieren als die Quelle – und doch auch wieder nicht. Je mehr ich mit meiner Aufmerksamkeit experimentierte, desto klarer erkannte ich, dass ich mir – je nach meinem Fokus – jede Ebene gesondert ansehen konnte. Als ob ich mit einem hochauflösenden Mikroskop eben noch Nanopartikel beobachtet und nun ein klein wenig am Einstellungsrad gedreht hätte. So konnte ich die Quelle selbst wahrnehmen, als wäre ich in eine subatomare Realität vorgedrungen, konnte mich aber auch nur auf den Tanz der goldenen Lichtpunkte fokussieren. Ganz nach Belieben und so leicht, als ob ich in einem Buch einfach nur eine neue Seite aufschlagen würde.

Zum ersten Mal lenkte ich meine Aufmerksamkeit selbst und lernte dabei, die unterschiedlichen Realitäten und ihre verschiedenen Ebenen bewusst anzuvisieren. Dabei fiel mir auf, dass sich die unzähligen Goldpunkte, die in einer enormen Geschwindigkeit vibrierten, im Zentrum einer wesentlich größeren Kugel befanden, die sie umhüllte. Diese Kugel bestand aus einer hauchdünnen Membran und trug all die unzähligen Goldfunken in sich. Neugierig versuchte ich, mein Bewusstsein auf ebendiese Kugel auszurichten, als plötzlich immer mehr dieser hauchdünnen Kugeln vor meinen Augen auftauchten. Alle waren mit unendlich vielen Goldfunken gefüllt, die lustig vibrierten.

Es war überaus spannend, und ich konnte nicht anders, als ständig hin- und herzuzoomen, denn die Lebendigkeit, die von diesen goldenen Punkten ausging, zog mich immer wieder in ihren Bann. Die Kugeln allerdings reagierten ganz ähnlich auf mich wie die vielen Goldpunkte. Fühlte ich ein Gefühl der Liebe in mir, wurden sie heller und größer und strahlten aus sich selbst heraus. Blieb ich hingegen neutral und betrachtete diesen lebendigen Tanz der Freude in ihnen ohne Absicht oder ein Gefühl, dann blieb ihre Schwingung gleich.

»Was, in aller Welt, ist das?«, fragte ich meinen Lehrer. »Wer sind all diese wundervollen Lichtkugeln und die goldenen Punkte, die mich so zum Lachen bringen? Eben noch war ich eingebettet in einen Frieden, der sich wie der Urgrund der Schöpfung anfühlte, und nun tanze ich lachend mit Goldfunken, die vor Lebendigkeit nur so sprühen. Wo bin ich? Und wer sind sie?«

Wieder einmal fällt es mir schwer, in Worte und Bilder zu übertragen, was nun folgte. Wie schon so oft in diesem Buch habe ich das Gefühl, dir von einem einzigen Sandkorn zu erzählen, obwohl ich dir so gern die ganze Wüste zeigen möchte. Mir wurde die Begrenztheit der menschlichen Sprache noch nie so bewusst wie jetzt. Ich könnte alle Worte aus sämtlichen Sprachen unserer Erde nutzen, alle Metaphern heranziehen, und doch bliebe es ein magerer Versuch. Man muss diesen Zustand beziehungsweise diese umfassende Wahrnehmung eigentlich selbst erleben, um sie wirklich zu begreifen. Sie ist nur über unser Bewusstsein erfahrbar, indem wir in diese Zustände eintauchen und uns in sie hineinbegeben.

»Ich zeige dir, wo du bist«, hörte ich meinen Lehrer sagen, und im selben Moment zog es mich weg. Es fühlte sich an, als befände ich mich wieder in einem Strudel, der mich diesmal allerdings in einer enormen Geschwindigkeit und doch sanft nach unten zog.

Zu meinem Glück gezwungen

Als hätte es nur eines einzigen Gedankens bedurft, fand ich mich plötzlich im Zimmer der Intensivstation wieder. Gemeinsam mit meinem Lehrer stand ich an der Seite des Bettes, in dem mein Körper lag, und was ich dort sah, entsetzte mich zutiefst. Das konnte doch unmöglich mein Körper sein! Er war kaum wiederzuerkennen. Man hatte in der Zwischenzeit die starken Verbrennungen in meinem Gesicht, an Hals und Händen operiert. Die verbrannten Hautschichten waren vollständig entfernt worden, und man hatte an der zerstörten und auch teilweise verkohlten Haut meines Gesichts eine sogenannte Zellkulturtransplantation vorgenommen. Das ist eine Methode, die oft bei großflächigen Verbrennungen zum Einsatz kommt.

Für meine Hände hatten mir die Ärzte Haut von meinen Oberschenkeln entnommen, um sie zu transplantieren. Der Körper, den ich hier sah, wirkte sehr fremd auf mich. Er war stark aufgedunsen, beide Hände und seinen kompletten Kopf hatte man in weiße, dicke Verbände gewickelt und den Rest von ihm unter einer Decke verborgen. Aus einer schmalen Öffnung am Mund, die der Verband freigab, und besonders von seinem Hals liefen viele Schläuche zu irgendwelchen Geräten, die monotone Geräusche von sich gaben. Dieser Körper sah aus wie eine dick in weiße Verbände eingewickelte Mumie, deren Anblick ich wohl nie vergessen werde.

Mein Lehrer schien mein Entsetzen zu spüren, denn er beruhigte mich mit sanfter Stimme: »Man hat ihn hier mit allem versorgt, was man für ihn tun konnte, um ihn zu unterstützen, doch das Wichtigste fehlt noch. Die Ärzte haben deinem Körper geholfen, soweit es möglich war, doch das, was er in Wirklichkeit braucht, bist du!«

»Ich verstehe das nicht!«, rief ich entsetzt und versuchte, meinen Blick von ihm abzuwenden. »Was soll ich hier? Ich möchte nicht in diesen Körper zurück! Wieso sollte er mich brauchen? Bitte bring mich wieder zu den kitzelnden Goldfunken«, bat ich meinen Lehrer inständig und warf ihm einen flehenden Blick zu. »Ich will nicht hier sein, und dieser Körper interessiert mich wirklich nicht.«

Ohne Worte, aber in einer Intensität, die keinen Widerspruch duldete, tat er jedoch genau das Gegenteil. Ohne meine Zustimmung abzuwarten, zog er mich unerbittlich in meinen Körper hinein, und ich hatte nicht die geringste Chance, mich dagegen zu wehren. Er führte mich durch die verletzten Hautschichten in das Gewebe darunter und zeigte mir dunkle, zutiefst geschockte Bereiche meiner Haut. Ich war entsetzt! Nicht, weil mich die Verletzungen besonders beeindruckt hätten, sondern viel eher, weil ich mich in die schreckliche Erfahrung während der Operation zurückversetzt fühlte. Ich war so sehr damit beschäftigt, mich aus der Führung meines Lehrers zu lösen, dass ich weder seine beruhigenden Worte noch die feinstofflichen Bereiche meines Körpers wirklich wahrnahm.

Alles in mir war im Widerstand. Das erste Mal seit unserer ersten Begegnung hier in diesem Zimmer fühlte ich altbekannte Gefühle wie Trotz, Rebellion und sogar Wut – gegen alles und jeden. Seine sanften Worte erreichten mich kaum noch, und selbst sein goldgelbes Energiefeld empfand ich als einengend. Was war nur auf einmal mit mir los? Ein Schwall von Traurigkeit überkam mich bei diesem Gedanken, und ich fühlte mich auf einmal einsamer denn je.

»Schau genau hin, und vertraue mir«, hallte wie ein Flüstern aus weiter Ferne die Stimme meines Lehrers an mein Ohr. Er schien diesen Satz immer und immer wieder zu sagen, doch ich konnte ihn kaum hören. Nichts von all den Hilfestellungen, die er mir in den letzten Minuten hatte zukommen lassen, hatte ich wahrgenommen! Warum das so war, war mir im Moment noch schleierhaft, doch ich war heilfroh, trotz meines Gefühlschaos wieder einen Zugang zu meinem Lehrer zu spüren. »Schau genau hin, und vertraue mir«, vernahm ich seine Worte nun zum wiederholten Male, doch nun schon wesentlich klarer. »O.k., du hast gewonnen … ich gebe mich geschlagen«, dachte ich und begann, mich endlich auf das einzulassen, was geschah.

Wie bei einer Körperreise nahm ich verschiedene Organe, Drüsen oder meine Knochen war. Es zog mich immer tiefer in das Gewebe hinein, bis zu meinen Zellen. »Schau genau hin, Anke, und du wirst erkennen, dass nichts getrennt voneinander existiert.«

In dem Moment, in dem ich in eine meiner Zellen hineinfloss und ihre immer feiner schwingenden Ebenen wahrnehmen konnte, verstand ich plötzlich, was er mir so Wichtiges zeigen wollte. Mein Widerstand verwandelte sich blitzartig in Begeisterung, als ich Schicht für Schicht tiefer in die Zelle vordrang und in ihrem Zentrum die Schwingung der Ewigkeit erkannte. Hier fand ich auch die unzähligen, lebendigen und sich teilenden Goldfunken wieder, von denen es mich doch eben noch so ruckartig weggezogen hatte. Ich erinnere mich an die Worte meines Lehrers, der zu mir sagte: »Ja, du bist angekommen! Du bist zu Hause! Du bist angekommen und zu Hause – in dir selbst!«

Unsere Körper sind verkörperte Schöpfung.
Zur Materie gewordene Schöpfung.

Mein Blick aus heutiger Sicht

Früher hatte ich keinen Bezug zu meinem Körper. Er war lediglich ein Fortbewegungsmittel für mich gewesen, das ein paar eher lästige Bedürfnisse besaß. Er hatte Hunger, brauchte Schlaf und hier und da ein bisschen Aufmerksamkeit. Er diente mir dazu, um von A nach B zu kommen und um mit anderen Menschen in Kontakt zu treten. Und wenn ich ehrlich bin, mochte ich ihn nicht besonders. Mir gefiel kaum etwas an ihm, und so nörgelte ich ziemlich oft an ihm herum. Rückblickend machte er mir damals sogar Angst, weil ich auf ihn angewiesen war. Ohne ihn hätte ich nicht existieren können, so glaubte ich. Mein größtes Problem war, dass ich ihn nicht kannte und ihm daher nicht vertraute. Er war von mir nicht kontrollierbar und hätte jederzeit eine Krankheit oder ein anderes Defizit entwickeln können, wenn er gewollt hätte.

Wenn unser Auto kaputt ist, geben wir es in die Werkstatt, und bei einem Totalschaden kaufen wir ein neues oder fahren mit dem Bus. Bei unserem Körper funktioniert das leider nicht so einfach. Vielleicht macht er uns deshalb ja so große Angst? Die Medizin versucht, ihn zu erforschen, die Naturheilkunde zu verstehen, die Kirche hält ihn für sündig, und wir selbst ignorieren ihn meistens.

Ich wäre niemals auf die Idee gekommen, dass er ein eigenes Bewusstsein besitzt, welches pausenlos mit mir zu kommunizieren versucht. Für mich war er einfach Mittel zum Zweck, und ich hatte Angst, dass er irgendwann einmal nicht mehr so funktioniert, wie ich es gerne hätte.

Die Wahrheit über alles, was wir sind, ist in unserem Körper gespeichert. Wir können diese Wahrheit zwar ignorieren, doch ändern lässt sie sich nicht. Alles, was wir in den Körper hineingeben, jeden Gedanken, jedes Gefühl und jede Verweigerung, speichert er. Genau das hatte ich erlebt, als mich mein Lehrer dazu zwang, mich auf ihn einzulassen. Ich spürte meine altbekannte Angst, Wut und Traurigkeit und spürte die Verbindung zu meinem Lehrer kaum noch.

Wenn wir ganz werden wollen, mit uns selbst wirklich in Verbindung treten wollen, führt kein Weg an unserem Körper vorbei. Denn er ist viel mehr als ein Vehikel, das unsere Existenz ermöglicht. Er bietet uns den Raum, um unsere Erfahrungen machen zu können, und wir tragen für ihn die Verantwortung. Unser Körper ist ein grenzenloses Bewusstseinsfeld, in dem jede einzelne Zelle auf unsere Gedanken und Gefühle reagiert. Strafen wir ihn mit Ignoranz oder Ablehnung, so wird er geduldig so lange alles in sich aufnehmen, bis seine Speicher irgendwann überquellen. Spätestens dann zwingt er uns dazu, sich mit ihm zu beschäftigen. Er wird seine Wege finden, um uns zu zeigen, was er sich von uns wünscht. Garantiert.

Früher war mir mein Körper lästig. Als ich mich durch den Unfall plötzlich von ihm befreit fühlte, wollte ich unter keinen Umständen in ihn zurück. Heute bin ich meinem Körper gegenüber sehr demütig und durch und durch dankbar. Dieser Wandel ist nun einige Jahre her und war der größte Wendepunkt in meinem Leben, das größte Erwachen überhaupt. Ich hatte meinen Körper bis dahin nur benutzt und zum größten Teil ignoriert, und so war es kein Wunder, dass ich schwermütig und unglücklich wurde. Jetzt wohne ich in ihm, respektiere und liebe ihn durch und durch. Ich habe ihn als den großen, goldenen Schlüssel erkannt, der es mir ermöglicht, wahre Erfüllung zu erleben. Er hört jedes meiner Worte, reagiert auf jedes meiner Gefühle, und wir beide haben eine neue, gemeinsame Sprache entwickelt, worüber wir uns wunderbar verständigen können. Es ist die Sprache der gegenseitigen liebevollen Fürsorge. Seit wir beide uns auf diese Weise gegenseitig beachten, erlebe ich durch ihn und mit ihm gemeinsam Lebensfreude. Ich liebe mein Leben und mich selbst auf ganz neue, wundervolle Weise, und die Zellen meines Körpers feiern mit.

Etwas ganz Wichtiges kann ich dir an dieser Stelle versprechen. Egal, was dir dein Körper jetzt im Moment zu verstehen gibt, es ist alles wandelbar, sobald du beginnst, dich selbst zu lieben! Er wartet nur darauf. Für uns alle wird auch der Tag kommen, an dem unser Körper aufhören wird zu funktionieren, doch DU wirst weiterexistieren, auch wenn dein Körper eines Tages stirbt. DU wirst weitergehen und dich auf ganz neue und doch auch sehr bekannte Weise erfahren.

Ausgedehntes Bewusstsein

Alles, was ich auf meiner Reise kennengelernt und erfahren hatte, besaß Bewusstsein. Mein Lehrer hatte sein ganz eigenes Bewusstseinsfeld, aber auch mein Körper besaß ein Bewusstsein, mit dem ich kommunizieren konnte. Meine Zellen besaßen ein eigenes Bewusstsein, genauso wie die Schöpfung selbst oder die Erde ein eigenes Bewusstsein besitzt. Über unser Bewusstsein sind wir alle mit allem verbunden, das uns umgibt, und weit darüber hinaus. Diese verschiedenen Bewusstseinsfelder unterscheiden sich lediglich in ihrer Schwingung und Frequenz sowie in ihrer Ausrichtung voneinander.

Bezeichnungen wie *oben* und *unten, innen* und *außen* existieren für unser Bewusstsein nicht. Ich hatte zu Beginn meiner Reise den Eindruck, es hätte mich nach oben gezogen, doch war das wirklich so? Vielleicht wollte ich einfach nur weg aus diesem Zustand im Krankenhaus, als mir mein Lehrer das erste Mal begegnete, und ich ging deshalb davon aus, dass er mich nach »oben« zog? Immer schon dachte ich, dass Gott, die Erlösung oder auch das Universum außerhalb von mir liegen, und vielleicht war das der Grund? Heute weiß ich, dass es kein Oben oder Unten gibt. Nichts befindet sich außerhalb von uns, denn wir sind über unser Bewusstsein mit allem verbunden, und darin existieren keine Begrenzungen. Alle Begrenzungen, die wir in unserem Leben erfahren, sind einzig und allein durch unser Denken entstanden. Da unser Denker an Raum und Zeit gebunden ist und sich sonst nicht darin orientieren kann, erzeugt er Grenzen. Bewegst du dich über ihn hinaus, hast du die Möglichkeit, dein Bewusstsein in die Grenzenlosigkeit auszudehnen.

Alles, was du über dich selbst zu wissen glaubst, ist nur ein einzelner Tropfen im Meer deines Wahren Ichs.

Während meiner Reise besuchte ich unzählige verschiedene Schöpfungsfelder, die mir ganz eigene Erkenntnisse, Eindrücke und Schwerpunkte vermittelten. Hier gab es unbekannte Welten, die auf mich sehr fremdartig wirkten und die mir überwiegend über Bilder vermittelt wurden. Andere Felder hingegen bestanden nur aus Klängen und Frequenzen. Sobald man irgendeinen dieser Bereiche auch nur ein einziges Mal bewusst erfahren hatte, brauchte man später nur an ihn zu denken, und man war wieder dort. So konnte ich mich beliebig oft zwischen all den wundervollen Ebenen hin und her bewegen, in die mich mein Lehrer geführt hatte. Mit einem einzigen Gedanken an die Quelle befand ich mich wieder in ihrer Essenz, und ein einziger Gedanke an meinen Lehrer reichte aus, um bei ihm zu sein. Mein Bewusstsein hatte sich in die unterschiedlichen Schöpfungsfelder ausgedehnt, und so war es mir nun möglich, mich mit meiner Aufmerksamkeit gezielt in sie hineinzubegeben. Ganz so, wie ich es wollte. Vergleichbar mit unzähligen Fernsehprogrammen, die wir mit einem einzigen Knopfdruck auf unserer Fernbedienung wählen können. Hat man erst einmal alle gewünschten Sender installiert, stehen sie einem ab diesem Moment zur Verfügung.

In meinem bisherigen Leben hatte ich meine Aufmerksamkeit fast ausschließlich auf Probleme gerichtet. Meine Gedanken beschäftigten sich fast nur mit Gefühlen und Situationen, die ich als unangenehm empfand. Ich suchte auf diese Weise eine Lösung für meine Lebenssituation und verkannte dadurch, dass mein Blickwinkel der Grund war, warum sich nichts veränderte. Erst als mir mein Lehrer beibrachte, mein Bewusstsein in die schöpferischen Bereiche auszudehnen und sie zu erfahren, erkannte ich die Zusammenhänge:

Die bedingungslose, seelische Liebe war meine wahre Natur. Das war mir nur nicht bewusst. Die Quelle, mein Lehrer und die grenzenlose Liebe, als deren Teil ich mich erfuhr, waren schon immer tief in mir verankert, doch ich hatte meine Aufmerksamkeit nie darauf gerichtet. So wie ich außerhalb meines Körpers alles mit einem einzigen Gedanken steuern konnte, hätte ich es schon immer gekonnt. Unabhängig davon, ob ich mich mit meinem Bewusstsein in meinem Körper oder außerhalb von ihm befand.

All diese wundervollen Bereiche der Schöpfung waren ganz natürlich schon vor meiner Nahtoderfahrung da gewesen, aber ich hatte nie hingesehen. In meiner Realität kamen sie einfach nicht vor. Ich fühlte mich als Opfer der Umstände und hatte keinerlei Vorstellung davon, welche Möglichkeiten ich in Wirklichkeit hatte und womit ich verbunden war.

Der einzige Unterschied zwischen meinen »beiden Leben« ist, dass ich jetzt davon weiß und es zu nutzen gelernt habe.

Die Illusion der Trennung

Als ich mich mit meinem Lehrer über genau diese Erkenntnis unterhielt, zeigte er mir etwas, das ich zwar schon ein paarmal gesehen, aber nicht weiter beachtet hatte: Bei unserem Blick auf mein Leben war mir schon mehrfach aufgefallen, dass sich nach meinen ersten Lebensmonaten langsam eine Veränderung in meinem Energiefeld bemerkbar gemacht hatte. Mit der Zeit bildete sich eine feine, transparente Membran, die mich vollständig einhüllte. Sie war hauchdünn, fast durchsichtig und glich der feinen Haut, die den Eidotter umgibt, damit er sich nicht mit dem Eiweiß verbindet. Als mein Lehrer mich auf die Membran aufmerksam machte und ich mich in sie hineinversetzte, erkannte ich ihre wichtige Funktion. Die Membran war wie ein Schleier, der sich schon kurz nach meiner Geburt um mich legte und mich vergessen ließ, woher ich kam. Ein Schleier, der meine Aufmerksamkeit nach innen lenkte – auf mich und meine menschlichen Bedürfnisse. Durch die Hülle wurde mein Bewusstsein von den hohen Ebenen, mit denen ich mich so verbunden fühlte, abgelenkt oder, besser gesagt, umgelenkt. Nur mit seiner Hilfe konnte ich mich als eigenständiges Individuum wahrnehmen und bekam dadurch ein Gefühl für mich selbst. Durch die Membran konnte ich meinen Fokus hauptsächlich auf meinen Körper richten und durch ihn meine eigenen Bedürfnisse erfahren. Ohne sie hätte ich mich weiterhin mit meiner seelischen Natur und der bedingungslosen Liebe verbunden gefühlt. Ohne sie wären Erfahrungen wie Angst, Einsamkeit oder Wut für mich niemals erlebbar gewesen, erklärte mir mein Lehrer. Er zeigte mir auch, wie diese feine Hülle im Laufe meines Lebens und durch die Summe an Erfahrungen immer dicker wurde. Sie begrenzte mein Bewusstsein mit der Zeit fast vollständig und war auch der Grund, warum ich mich in späteren Jahren so isoliert und getrennt gefühlt hatte. Ich saß, bildlich gesprochen, in einem dicken, undurchdringlichen Kokon fest und fühlte mich darin gefangen. Ich glaube, du weißt, wovon ich dir hier erzähle, und kennst das Gefühl, gegen eigene innere Mauern anzurennen.

Ich erkannte mit einem Mal den Sinn, nach dem ich schon mein ganzes Leben gesucht hatte: Wir sind nicht getrennt, wir haben nichts verloren, und uns wurde nichts genommen. Die Verbindung zu unserer seelischen Heimat besteht nach wie vor weiter. Egal, wie wir uns in unserem Leben fühlen, wir sind durch und durch mit der Quelle verbunden und zu keiner Zeit von ihr getrennt. Wir alle sind unendlich großartige und mächtige Wesen, bräuchten nur mit den Fingern zu schnippen, und alles, was wir wollen, wird möglich. Keine Macht, die wir kennen, kommt unserer eigenen grenzenlosen Energie und Schöpferkraft gleich. Wir tragen das Potenzial in uns, alles zu erschaffen, was wir uns wünschen. Überfluss ist unser Naturzustand. Wir kennen keinen Mangel, lieben es, kreativ zu sein und uns auf unterschiedlichste Art und Weise auszudrücken. Als unendlich schöpferische, weise und bedingungslos liebende Wesen haben wir den grenzenlosen Wunsch, unserer Kreativität freien Lauf zu lassen und uns an unseren eigenen Schöpfungen zu erfreuen. Nur durch den Kokon, in dem wir uns befinden, halten wir die Illusion der Trennung für real. Er scheint uns undurchdringlich und unüberwindbar. Er ist wie eine Schneekugel mit ihrer abgeschotteten Welt. Wir halten diese Welt für unsere Realität und haben vergessen, dass wir viel mehr sind als das. Ich hätte niemals ein Leben der Extreme führen können, hätte sich dieser Kokon nicht gebildet. Es wäre mir nie möglich gewesen, mich einsam, isoliert, traurig oder wertlos zu fühlen, denn mir wäre immer meine Verbundenheit mit allem bewusst geblieben. Genau diese Erkenntnis war der wichtigste Schritt, um diese Erfüllung und Selbstliebe zu erfahren, die ich heute als Realität erlebe. In mir – nicht außerhalb!

Alles hat einen guten Grund

Wir wandeln wie im Tiefschlaf durch unser Leben, weil wir glauben, unsere Wirklichkeit sei das Innere einer Schneekugel, und wir sind davon überzeugt, dass sie uns begrenzt. Wir haben vergessen, was wir uns für dieses Leben vorgenommen haben, welche Erfahrungen wir machen möchten und was wir dafür brauchen. Wir haben auch vergessen, dass uns dafür alles zur Verfügung steht.

Aber dieses »Vergessen« hat einen großen Sinn! Wir sind ja hier, um Erfahrungen zu machen, und deshalb wäre es höchst kontraproduktiv, wenn wir wüssten, dass wir einen Zauberstab besitzen, mit dem wir in jedem Moment alles in unserem Leben verändern können. Da wir natürlich schlau sind, würden wir, sobald es schwierig oder unangenehm wird, mit unserem Zauberstab wedeln, ein paar Gedanken neu ausrichten und unser Leben wieder so umformen, wie es uns gefällt. Wir würden Armut nie kennenlernen, da wir ja wüssten, wie schnell wir unsere Situation ändern könnten. Trauer, Angst oder Einsamkeit würden wir wohl kaum erfahren, denn das sind keine angenehmen Gefühle. Wir würden sehr schnell alles ändern, um unseren Zustand zu verbessern.

Es gibt also einen guten Grund, warum wir all das vergessen haben, was uns zur Verfügung steht, oder warum wir nicht immer alles bekommen, was wir uns wünschen. Wir würden uns auch in unserem Leben ganz anders verhalten, wenn wir uns bedingungslos geliebt fühlen würden, oder? Wir würden mit uns selbst niemals so hart ins Gericht gehen. Wir könnten weder für einen anderen Menschen Wut empfinden, geschweige denn ihm Leid antun wollen, und schon gar nicht uns selbst. Wir würden unweigerlich jeden anderen Menschen und uns selbst bedingungslos lieben, weil wir jedes Geschöpf immer als das wunderschöne, feinschwingende Wesen erkennen würden, das es in Wahrheit ist. Doch es geht nicht darum, ein wundervoll leichtes Leben wie im Schlaraffenland zu führen. Wir wollen Grenzerfahrungen machen. Wir wollen Grenzen kennenlernen, um dann einen Weg zu finden, sie zu sprengen!

Der größte Schatz des Menschen

Bei den Besuchen meines Körpers hatte mich mein Lehrer oft schweigend angesehen und meine Reaktionen beobachtet. Diese Besuche waren für mich bisher meist eher unangenehm gewesen. Ich verstand nicht, warum er mich hierherbrachte, und sah auch keinen wirklichen Sinn darin. Für mich war nach wie vor sonnenklar, dass ich niemals wieder in diese schwere Hülle zurückkehren würde. Zwischen mir und meinem Körper lagen mittlerweile Welten, und nichts schien uns beide noch miteinander zu verbinden, selbst nachdem ich seine Verbundenheit mit der Quelle erkannt hatte. Dieses Gefühl der Freiheit, der Grenzenlosigkeit und der Zustand bedingungsloser Liebe erfüllte mich viel zu sehr, und ich war mehr als glücklich, die Unbewusstheit meines Lebens hinter mir gelassen zu haben.

Mein Lehrer hatte mich wieder einmal in das gelb gestrichene, ruhige Zweibettzimmer der Intensivstation geführt. Alles schien so wie bei den letzten Besuchen. Mein Körper lag, wie eine Mumie einbandagiert, regungslos im Bett, und die Geräte, die ihn am Leben hielten, piepsten monoton vor sich hin. Zum ersten Mal spürte ich meinem Körper gegenüber allerdings keinerlei Ablehnung, sondern eher ein Gefühl von sanfter Anerkennung. Zum ersten Mal in meinem Leben konnte ich ihn *fühlen*! Ich fühlte, was er fühlte, und schien auf eine ganz neue, fast schon liebevolle Weise mit ihm in Verbindung zu stehen. Plötzlich konnte ich mit seinem Bewusstsein in Kontakt treten. War das möglich geworden, weil ich mich bewusst auf ihn eingelassen hatte? Ich spürte seine Traurigkeit, weil ich mich so radikal von ihm abgewandt hatte, und auch seine Hoffnungslosigkeit konnte ich deutlich wahrnehmen. Je weiter ich mich auf ihn einließ, desto mehr wurde mir eine ganz neue Erkenntnis bewusst: Mir wurde plötzlich klar, dass ich bis zu diesem Moment einer riesengroßen Illusion aufgesessen war. Ich hatte immer geglaubt, *ich sei in ihm gefangen und von ihm abhängig*, doch in Wirklichkeit war genau das Gegenteil der Fall. Er war auf mich angewiesen! *Ich* war diejenige von uns beiden, die frei und grenzenlos war, und ich war es, die sich in all die schöpferischen Ebenen ausdehnen konnte. Er nicht. Ohne mich würde er aufhören zu existieren! Ich jedoch brauchte ihn nicht. Ich begriff, dass sein Dasein seinen Sinn verlieren würde, wenn ich mich weiterhin gegen ihn entschied, denn ich war ja sein einziger Bezugspunkt. Er war nur meinetwegen hier.

Diese vollkommen neue Sichtweise löste in mir das erste Mal wirkliche Liebe und Anerkennung für diesen Körper aus.

»Der Körper, in dem wir leben, ist von uns abhängig!
Wir sind seine Energiequelle und der Strom, den dieses unfassbare Netzwerk an Informationen braucht,
um in der materiellen Welt zu existieren.«

(Luis Angel Diaz)

Verblüfft über diese plötzliche Erkenntnis, drehte ich mich Hilfe suchend zu meinem Lehrer um, der lächelnd auf mich zukam. Bisher hatte er sich meist schweigend im Hintergrund gehalten, wenn es um meinen Körper ging, doch nun stellte er sich neben mich und warf mir einen eindringlichen Blick zu.

Diesen ernsten Blick kannte ich schon, denn er sah mich immer so an, wenn er mir etwas sehr Wichtiges mitteilen wollte. Meine volle Aufmerksamkeit schien ihm jetzt besonders wichtig zu sein.

»Dieser Körper ist dein heiliges Gefäß, das sich ganz speziell für dich gebildet hat. Auch er besitzt ein eigenes Bewusstsein, ist in keiner Weise eng und starr, wie du bisher dachtest, sondern besteht aus einer für dich perfekten Schwingungssignatur. Er ist wandelbar und durch und durch mit der Quelle verbunden, auch wenn du das im Moment noch für kaum möglich hältst. Er ist dein Gefäß, Anke. Er ist der größte Schatz, der einem Menschen zur Verfügung steht, und birgt den Schlüssel zur absoluten Erfüllung in sich!«

»Als göttliches Gefäß und großartigen Schlüssel habe ich ihn bisher aber nicht erfahren«, versuchte ich, fast schon etwas beschämt meine Distanz zu erklären. »Für mich war das Leben in ihm nicht unbedingt erfüllt, sondern meist das genaue Gegenteil.« Den Sinn seiner Worte konnte oder wollte ich noch nicht so ganz verstehen. In meiner Erinnerung tauchten viele Szenen meines Lebens auf, in denen ich sehr lieblos mit mir selbst umgegangen war. Ich hatte irgendwie verlernt, mich selbst zu fühlen und liebevoll auf mich zu blicken. Wie im Zeitraffer zeigten sich immer mehr Situationen, in denen ich Traurigkeit, Einsamkeit und innere Leere erfahren hatte, und ich erkannte, dass mein Körper immer enger und schwerer wurde, je öfter sich diese Zustände wiederholten. Ich war traurig. Hätte ich doch nur liebevoller auf meine eigenen Bedürfnisse und Wünsche geachtet, dann hätte es nie so weit kommen müssen. Hätte ich mir doch nur selbst die gleiche Liebe gegeben, die ich für meine Kinder und meinen Mann empfand, dann wäre all das nie geschehen! Liebe – dieser so natürliche, mir gottgegebene Zustand – war genau das, wonach ich mich immer sehnte. Ich konnte diese Liebe zwar fühlen, doch ich fühlte sie *für* meine Familie, *für* Freunde oder *für* die Umwelt – nur nicht für mich selbst. Genau das war der Grund, warum ich auf keinen Fall in dieses Leben zurückwollte. Ich hatte mich einfach viel zu weit von mir selbst entfernt!

»Hast du dich jemals gefragt, warum ich dir all das hier gezeigt habe? Warum ich dir die Zusammenhänge bewusst machte, dich bis zur Quelle und immer wieder zurück zu deinem Körper geführt habe?« Diese Frage kam für mich sehr überraschend. Er hatte recht. Bei all den wundervollen Erkenntnissen mit meinem Lehrer hatte ich mir nie die Frage nach dem Warum gestellt. Er hatte mir vor einer gefühlten Ewigkeit gezeigt, dass er in allen meinen Leben immer an meiner Seite gewesen war. Bei meiner Geburt half er mir stets in ein Leben hinein, und bei meinem Tod erleichterte er mir den Übergang. So wie dieses Mal. Auf die Idee, dass unsere Begegnung einen anderen Sinn gehabt haben könnte, war ich bisher nicht gekommen.

»Um deinen physischen Tod ging es während unserer gemeinsamen Reise nie, Anke«, erklärte er mir gütig, aber sehr ernst. »Wir beide hatten eine Verabredung vor langer, langer Zeit getroffen, und der sind wir jetzt nachgekommen. Der Unfall war von dir selbst genauestens geplant und diente dir als wertvolle Möglichkeit, bewusst deinen Körper für längere Zeit zu verlassen. Das war für dich nötig, um dein *Wahres Ich*, die Quelle und dein Bewusstsein in vollem Umfang erfahren zu können. Alles, was du mit mir gemeinsam erfahren hast, war von dir selbst vor deiner Geburt für dieses Leben festgelegt worden. Erinnerst du dich? Du warst es, die diese umfassende Schulung entschieden hatte. Niemand sonst. Es war dir wichtig, um dich selbst zu erkennen. Kannst du dich noch erinnern? Genau das ist geschehen.«

Du hast immer eine Wahl

Durch all die vielen Erfahrungen, die ich durch seine Schulung erlangt hatte, wusste ich um die Wahrheit seiner Worte. Mir war all das bewusst geworden, während er mich in meine seelischen Ebenen geführt hatte, jedoch war ich so sehr in dieser allumfassenden Erfahrung aufgegangen, dass ich es versäumt hatte, über die Konsequenzen nachzudenken.

Stimmt. Ich hatte mir für dieses Leben einen Weckruf ausgesucht und wusste auch genau, warum. Ich wollte dadurch sichergehen, dass ich mich an mein *Wahres Wesen* erinnere und es in mich integriere. Ich hatte mir für dieses Leben vorgenommen, meine Seelenqualität *in der Dichte des Körpers* zum Ausdruck zu bringen. Meinen Körper mit all den hohen Ebenen meiner Seele *wirklich* und so vollständig wie möglich zu bewohnen. Ich wollte herausfinden, ob es mir mit ihm gemeinsam möglich wäre, ihn vollständig zu aktivieren. Ihn durch mein Bewusstsein zum Leben zu erwecken, um genau dadurch *bedingungslose Liebe* zum Ausdruck bringen zu können. Genau das war das waghalsige und mutige Abenteuer, das ich in diesem Leben für mich geplant hatte. Ich erinnerte mich! In diesem Moment wusste ich auch, warum ich jedes Mal das Gefühl hatte, mein Körper würde auf irgendetwas warten. Er wartete auf mich! Er wartete auf meine Entscheidung, ob ich mich wieder auf ihn einlassen werde oder mich endgültig von ihm löse. Seine gesamte Existenz hing von dieser einen Entscheidung ab. All das war mir mittlerweile klar geworden, doch die Vorstellung, in ihn zurückzukehren und in seiner Enge weiterleben zu müssen, fühlte sich alles andere als gut an.

»Du willst mir damit sagen, dass es nur an mir liegt, ob ich mich jetzt für mein Leben oder dagegen entscheide?« Mein überraschter Blick bei dieser Frage schien ihn sichtlich zu amüsieren. »Habe ich eine Wahl? Kann ich es mir aussuchen?«

Du hast immer eine Wahl. In jedem Moment.
Du bist an nichts gebunden und kannst alles
jederzeit verändern.

»Ja, natürlich hast du die Wahl! Es liegt allein an dir und deiner Entscheidung, wie es nun für dich weitergeht. Du hast die Wahl, und egal, was du wählst, es ist immer die perfekte Wahl für dich – vergiss das nicht. Erinnere dich daran, dass es ein Richtig und Falsch nicht gibt. Auch bist du an nichts gebunden und kannst alles jederzeit verändern. Du kannst in jedem einzelnen Augenblick jede vergangene Entscheidung revidieren, jedes Gefühl verändern und deine Aufmerksamkeit auf ganz neue Bereiche richten, wenn du das möchtest. Das hast du mit mir gemeinsam doch schon zur Genüge ausprobiert. Was deinen Körper betrifft, hast du diese Möglichkeiten natürlich auch. Du kannst alles verändern, wenn du bereit bist, dich auf ihn einzulassen. Solltest du dich jetzt allerdings gegen ihn entscheiden, steht er dir nicht länger zur Verfügung«, erklärte er mir, wobei jedes seiner Worte einen tiefen Eindruck in mir hinterließ. »Deine bewusste Entscheidung für oder gegen dein heiliges Körpergefäß ist von größter Bedeutung für dich selbst, also lasse dir Zeit! Genau diese Entscheidung beinhaltet nämlich den goldenen Schlüssel.«

Um seine Worte zu unterstreichen, eröffnete er mit einer einzigen Handbewegung eine erhöhte Beobachterperspektive, wie er es schon so oft getan hatte. Unsere gesamte gemeinsame Reise breitete sich wie ein Film vor mir aus, wodurch mir all meine Erfahrungen und Erkenntnisse nochmals deutlich und komprimiert vor Augen geführt wurden. Ich wusste, dass ich mir alle Herausforderungen meines Lebens selbst ausgewählt hatte. Alles, was mir in meinem Leben widerfahren war, war von mir selbst gesteuert worden. Mein gesamtes Leben folgte einem ausgeklügelten Plan, meinem ganz eigenen Plan.

Mein Lehrer führte mir erneut die seelische Verbundenheit mit meiner Familie und mit ihm vor Augen, erinnerte mich daran, dass ich stets und immer mit allem verbunden war, was ich bisher so verzweifelt gesucht hatte, und auch an die bedingungslose Liebe, die alles verbindet, was existiert. Er zeigte mir die Felder der unendlichen Möglichkeiten, die Quelle, deren unauslöschlicher Teil ich bin, und die sich ständig teilenden Goldfunken, die ihren Tanz in jeder meiner Zellen vollzogen. All das geschah gleichzeitig, und auf geheimnisvolle Weise schien dieses Mal auch mein Körperbewusstsein eingebunden zu sein. Was ich bisher losgelöst von meinem physischen Körper erfahren hatte, schien jetzt in ihm bzw. *mit ihm gemeinsam* zu geschehen. Mein Körper besaß Zugang zu all diesen Ebenen und stand auch schon immer mit ihnen in Verbindung. Ich wusste nur nichts davon. Mal wieder wurde mir die Komplexität der Schöpfung bewusst, und ich erkannte, dass es nichts, wirklich nichts gibt, das sich außerhalb von mir befindet. Mein Körper war ein wundervolles Abbild meiner selbst, und ich erkannte, dass ich ihn in meinem bisherigen Leben mit weit mehr gestraft hatte als mit Ignoranz und Ablehnung. Ja schlimmer noch! Ich hatte ihn überhaupt noch nie wirklich gesehen.

Der Körper, unser energetisches Universum

Unser physischer Körper besitzt eine Intelligenz, die jegliche menschliche Vorstellung sprengt. Verzeih mir, wenn ich mich wiederhole, aber ich kann es nicht oft genug betonen. Wenn man die feinstofflichen Bereiche unseres Körpers einmal bewusst gesehen und vor allem erfahren hat, kommt man mit Schwingungen in Kontakt, die einem Wunder gleichen. Der Körper ist durch und durch ein farbenprächtiges, reichhaltiges und sehr lebendiges Energiefeld, das permanent mit seiner Umgebung und unserem Bewusstsein in Resonanz tritt und dadurch kommuniziert. So, wie ich ihn sehe, besteht er aus feinsten Lichtstrukturen, und der Raum in seinen Zellen und um sie herum ist Lebendigkeit und Freude pur.

Er liebt es, zu schwingen und auf Schwingungen zu reagieren, und wandelt sie in Farbe und Klang um. Ein ständiges, farbenprächtiges und lebendiges Pulsieren, das sich selbstständig erneuern und an neue Gegebenheiten anpassen kann.

Es ist die Aufgabe des Körpers, uns in diesem Leben in ihm und durch ihn zu erfahren. Er ist über seine Zellen und seine DNA direkt mit der Quelle verbunden, reagiert aber einzig und allein auf unser individuelles menschliches Bewusstsein. Er ist wie der größte und unglaublichste Hochleistungscomputer, den man sich vorstellen kann, der aber nur von der einzigen Person gesteuert werden kann, für die er erschaffen wurde – von dir.

Dieses feinschwingende energetische Wunderwerk können wir Menschen aber leider kaum wahrnehmen oder bemerken es meist erst dann, wenn der Körper eine Störung im System aufzeigt.

»Der menschliche Leib birgt alle Lehren, alle Leiden, die Ursache des Leidens und das Ende des Leidens.«

BUDDHA

Der größte Schatz des Menschen ist der Körper! Diesen Satz meines Lehrers werde ich niemals vergessen, denn ich habe seine weitreichende Bedeutung seither immer und immer wieder erleben dürfen.

Wir *wollten* in ihm geboren werden und haben uns auch den für uns perfekten Körper ausgesucht. Ob uns das nun bewusst ist oder nicht, ob er uns gefällt oder nicht, ändert daran nichts. Er bringt genau das zum Ausdruck, was wir für unser eigenes Wachstum und den Prozess der Selbsterkenntnis benötigen. Wenn er krank ist, hat genau diese Krankheit einen tieferen Sinn für uns. Wenn wir ihn als eng empfinden, ihn ablehnen oder gegen ihn kämpfen, hat auch das einen tieferen Sinn, unseren Sinn.

Ich habe im Laufe der letzten Jahre mit unzähligen Menschen gearbeitet, die teilweise sehr unglücklich waren oder sich starken körperlichen Herausforderungen ausgesetzt fühlten. All diese Menschen kämpften gegen sich selbst, und ihre Körper spiegelten diesen Lebenskampf meist wider. Ein Kampf, der beendet werden kann, sobald man sich dafür entscheidet, hinzusehen und die Sprache des Lebens und des Körpers zu erlernen. Sie alle hatten sich sehr weit von ihrem *Wahren Ich* entfernt und aus Angst große Teile ihres Selbst abgespalten. Sie verloren sich im Laufe ihres Lebens immer mehr und hatten kaum noch Zugang zu ihren höheren Bewusstseinsebenen. Auch bewohnten sie nur mit einem Bruchteil ihres *Wahren Wesens* ihren Körper wirklich. Sie hatten sich, ähnlich wie ich früher, kaum auf ihn eingelassen. Überwiegend trugen sie Verletzungen, Wut, Schuld oder Angst in sich und hatten meist gelernt, diese Gefühle erfolgreich zu verdrängen. Darin sind wir Menschen leider Meister!

Unsere Biografie wird allerdings vollständig in unseren Körpern gespeichert, und es nützt uns wenig, unsere eigene Geschichte zu verdrängen. Wenn wir das tun, wird es unser Körper sein, der uns eines Tages unsere Geschichte erzählt. Auf seine ganz eigene Weise. Er wird uns liebevoll, aber unerbittlich dabei helfen, die Türen zu öffnen, die wir vor uns selbst verschlossen haben.

Mein bedingungsloses Ja zum Leben

Viele Menschen, die eine Nahtoderfahrung erleben, oder sich durch einen Unfall plötzlich außerhalb des Körpers wahrnehmen, kehren ebenso schnell wieder in ihn zurück, wie sie ihn verlassen haben. Meistens geschieht dies ohne bewusste Absicht und ohne Vorwarnung. Sie beschreiben ihre Rückkehr oft wie das Aufwachen aus einem Wachtraum, der ihnen für eine gewisse Zeit Einblick in die Wirklichkeit gab und der seither nie mehr ganz verblasste. Ich habe auch von Menschen gehört, bei denen es auf der seelischen Ebene Gespräche oder Begründungen für ihre Rückkehr gab. Viele von ihnen standen, genau wie ich, vor der Wahl, ob sie ins Leben zurückkehren möchten oder nicht. Häufig machten ihnen verstorbene Familienmitglieder die Auswirkungen ihrer Entscheidung bewusst, oder sie wurden sogar mit einem klaren Auftrag zurückgeschickt, wenn sie noch etwas Wichtiges im Leben zu erledigen hatten. Für viele war das erst eine der schwersten, dann aber die leichteste Entscheidung überhaupt. Ich selbst hatte die Rückkehr in meinen Körper erlebt, als es mich während der Operation ohne Vorwarnung wieder in ihn hineingezwungen hatte, und der Schock saß immer noch tief. Niemand geht gern in ein enges und dunkles Gefängnis zurück, dem man endlich entkommen war. Auf jeden Fall nicht freiwillig. Zusätzlich kam bei mir noch erschwerend hinzu, dass mein Körper nicht mehr besonders ansehnlich aussah. Das gab mir ehrlich zu denken.

»Es geht darum, deinen Körper wirklich zu bewohnen«, hatte mir mein Lehrer mehrfach zu verstehen gegeben, wenn ich ihn mal wieder ratlos ansah. Wenn ich heute an diese Momente zurückdenke, muss ich lächeln und habe größtes Verständnis für meine damalige Zerrissenheit. Ein großer Teil von mir wollte schnellstmöglich zurück in das Abenteuer Leben, um all diese wundervollen Erfahrungen und Erkenntnisse freudestrahlend umzusetzen, die ich erfahren hatte. Dieser Teil fühlte sich vollständig erwacht, erfüllt und mit allem verbunden. Ihm war bewusst, dass es keine Trennung gab und dass ich meine Erfahrungen in der Vergangenheit nur deshalb machen konnte, weil ich vergessen hatte, wer ich wirklich bin und woher ich komme. Doch da gab es noch einen anderen Teil in mir, der große Angst vor diesem Schritt hatte. Er vertraute dem Körper noch nicht und hatte besonders viel Angst davor, erneut ins Unbewusste abzutauchen und wieder in dieser inneren Leere und Einsamkeit leben zu müssen. Auch fühlte er sich der Herausforderung, in einem entstellten Körper zu leben, nicht gewachsen. Ich fühlte mich entsetzlich hin- und hergerissen zwischen diesen beiden Seiten in mir. Der leichtere Weg wäre es gewesen, auf das laute »Nein« in mir zu hören. Heute, da ich für dich auf genau diesen Augenblick zurückblicke, bin ich glücklich darüber, dass mein großartiger Lehrer sich von meiner Scheu nicht beeindrucken ließ und sie doch ernst nahm. Als würde er mir einen Vorschlag machen wollen, zeigte er mir, wie sanft und manchmal auch vorsichtig sich die Seele ihrem neuen Körper in der Schwangerschaft annähert. Als müsste sie sich erst an das winzige Körperuniversum gewöhnen, gleitet sie erst zaghaft und mit der Zeit immer mehr in den winzigen Fötus hinein und wieder hinaus, um ihn kennenzulernen. Ähnlich vollzieht sich auch meist die Abnabelung vom Körper, wenn die Stunde des Todes naht. Das Bewusstsein gleitet immer öfter aus dem Körper hinaus, stattet den seelischen Ebenen immer längere Besuche ab und fließt dann wieder in den Körper zurück. Selten verlaufen das Verlassen des Körpers oder die Rückkehr ruckartig oder traumatisch. Mein Lehrer machte mir bewusst, dass ich hier und jetzt eine ganz fantastische und besondere Möglichkeit nutzen könnte, wenn ich mich ebenso behutsam, allerdings bewusst meinem Körper nähern würde. Ich könnte mich vorsichtig und sanft auf ihn einlassen, ihn kennenlernen und dabei herausfinden, ob ich mich in ihm wohlfühlte. Dieser Vorschlag ließ mich aufhorchen, denn so konnte der ängstliche Teil in mir ganz sanft und in seinem Tempo selbst bestimmen, ob und wie weit er gehen wollte.

Mein bewusstes »Seelen-Ja«

Den besonderen Moment, in dem ich begann, mich auf meinen geschundenen Körper einzulassen, werde ich niemals vergessen. Es kostete mich anfangs unfassbar viel Überwindung, hatte ich doch von ihm die feste Vorstellung, er sei eng, starr und schwer belastet. Noch größer war aber meine Angst, die Verbundenheit bzw. die Erfahrung des Einsseins zu verlieren, wenn ich wieder in die physische Welt zurückkehren würde. Doch ich wurde in allen Punkten eines Besseren belehrt.

Nach einigem Überlegen ließ ich mich dann doch ganz langsam und vorsichtig auf meinen Körper ein und bemerkte schnell, dass sich nichts an meiner Wahrnehmung änderte. Ich befand mich weiterhin in meinem erwachten Zustand der vollkommenen Verbundenheit, und je mehr ich mich auf meinen

Körper einließ, desto deutlicher konnte ich seine Freude darüber fühlen. Seine feinstoffliche Anatomie fühlte sich alles andere als eng und schwer an. Im Gegenteil! Alles war so lebendig, fließend und glich einem regelrechten Feuerwerk aus Schwingungen und Frequenzen. Alles war einer Ordnung unterworfen, die ich nur mit dem Wort »allumfassend« beschreiben kann. Ich ließ mich tiefer auf ihn ein und nahm mehr und mehr wahr, wie er mich auf seine ganz eigene Weise zu führen schien. Er kommunizierte mit mir, indem er mir seine unendlichen Energiebahnen, Lichtstrukturen und Farbschwingungen zeigte. Es war ein Gefühl, als hätte ich zum ersten Mal ein magisches, atemberaubendes und sehr lebendiges Zauberland betreten dürfen, in dem ich aus dem Staunen gar nicht mehr herauskam. Seine feinstofflichen und grobstofflichen Ebenen schienen fließend ineinander überzugehen, und ich konnte ganz nach Belieben zwischen ihnen hin- und herwechseln. Ich erkannte sehr helle, hoch schwingende Bereiche, konnte aber auch in eher dunkle, fast schon träge oder zäh wirkende Ebenen eintauchen, die vollständig den Gesetzmäßigkeiten der physischen Realität unterworfen schienen.

Meine anfängliche Angst wich einem Staunen über diese ganz eigene Welt, in die ich hier eintreten durfte, und je mehr ich mich ihr öffnete, desto mehr konnte ich seine freudige Lebendigkeit fühlen. Als hätte mich ein alter Freund nach langer Zeit endlich wiedergefunden, nahm er mich freudestrahlend an die Hand und zeigte mir sein Universum. Er führte mich in seine Organe, in die Haut und die Blutbahnen und ließ mich ihre jeweiligen Schwingungen und Funktionen erfahren. Ich erkannte, wie einsam und ungesehen er sich ohne mich gefühlt hatte und wie sehr er sich über die bewusste Verbindung mit mir freute.

Niemals hätte ich es für möglich gehalten, dass das, was ich hier sah und erlebte, *mein Körper* war. Wie hatte ich nur jemals so blind und unbewusst in ihm leben können? Dieses Wunderwerk meiner eigenen Schöpfung so schmählich vernachlässigen und ignorieren? Warum, um Gottes willen, hatte ich nur jemals solche Angst vor seiner Enge gehabt? Das war nur möglich, weil ich mein Leben derart unbewusst gelebt hatte und nur auf Stagnation, Druck und Angst ausgerichtet war. Ich sah mich als Opfer der Umstände und nicht als Schöpfer meiner selbst. Ich lebte in der Illusion der Trennung und nicht im Bewusstsein der allumfassenden Verbundenheit. Das allein war der Grund!

Meine Angst vor seiner Materie war mittlerweile heller Begeisterung gewichen, und diese Begeisterung steigerte sich in reinste Vorfreude auf ein Leben in diesem unbeschreiblich lebendigen Körperfeld der Frequenzen. Ich wollte erfahren, was es bedeutet, mit ihm gemeinsam zu leben, mit ihm in Kommunikation zu bleiben und ihn vollständig anzunehmen. Mein Lehrer hatte mir oft genug zu verstehen gegeben, dass es uns Menschen an der bewussten Verbindung zu unserem Körper mangelt und dass darin die Ursache für Krankheit oder negative Gefühle liegt. Wir sind genau in dem Maße von vollkommener Gesundheit und gelebter Erfüllung entfernt, in dem wir vergessen haben, dass wir aus der Quelle stammen und auf ewig mit ihr verbunden sind. Wir brauchen nichts weiter zu tun, als uns genau daran zu erinnern. Sobald wir in unseren natürlichen Zustand der Lichtschwingung eintreten und unseren Körper mit unserem Bewusstsein vollständig annehmen, tritt alles, was niedriger schwingt als unser eigenes Licht, damit in Resonanz und verwandelt sich.

Der Auftrag

Vor lauter Begeisterung über diese atemberaubenden Welten hatte ich alles andere um mich herum vollständig vergessen. Ich hatte mich mit meinem Bewusstsein so innig mit meinem Körper verbunden, dass ich den Raum um mich herum, meinen Lehrer und auch die weitreichende Entscheidung, um die es hier gerade ging, völlig ausgeblendet hatte. Als wolle er meine Aufmerksamkeit ganz sanft in seine Richtung lenken, spürte ich, wie mich die Liebe meines Lehrers durchströmte. »Wie ich sehe, hast du bereits eine Entscheidung getroffen«, meinte er liebevoll und legte dabei seine rechte Hand auf meinen in dicke Verbände gehüllten Kopf.

»Du bist einst in diesen Körper gekommen und hast die Verbundenheit mit mir und dir selbst vergessen. Nun bist du zurückgekehrt, hast dich erinnert, bist in deine ganz eigenen seelischen Welten eingetreten und bist dir deines *Wahren Wesens* und deiner Verbundenheit wieder bewusst. All das, meine Liebe, wird bestehen bleiben. Wenn man ein einziges Mal Bewusstsein über sein Selbst erlangt hat, ist es nicht mehr möglich, in die Unbewusstheit abzutauchen. Hab keine Angst. Geh zurück, lerne, dich selbst zu lieben und ein erfülltes Leben zu führen. Deine Aufgabe ist es, die bedingungslose Liebe deiner Seele über deinen Körper zum Ausdruck zu bringen. Er trägt alles in sich, was du für ein bewusstes und erfülltes Leben benötigst. Erwecke ihn mit deiner Liebe zu dir selbst wirklich zum Leben und erfahre genau dadurch, zu welch magischen Wundern ihr beide gemeinsam fähig seid. Du wirst einen Weg finden, diese Kraft in dir selbst und auch in deinem Umfeld zu nutzen, um andere Menschen auf ihrem Weg zu unterstützen. Ihr alle tragt die Erinnerung an euer *Wahres Wesen* immer in euch.«

Erfüllung ist außerhalb deines Selbst nicht möglich, und Erfüllung ist ohne deinen Körper nicht erfahrbar!

»Ich möchte dir noch etwas sehr Wichtiges für deine anstehende Reise mit auf den Weg geben: Sprenge deine Grenzen! Bitte vergiss das niemals! Sprenge deine Grenzen.

Nichts geschieht zufällig, und alles entspringt einer Ordnung, die lediglich in manchen Bereichen in Unordnung geraten ist. Alles passt mit allem zusammen!

Die Materie ist immer wandelbar und niemals statisch! Vergiss das nicht! So wie dein Bewusstsein jederzeit eine Wahl hat und wandlungsfähig ist, ist es auch dein physischer Körper. Er wird sich genau daran erinnern und heilen, so wie du es von ihm erhoffst. Er wird deinem Bewusstsein folgen und sich vollkommen neu ausrichten und erneuern, wenn du das von ihm wünschst. Dein Gesicht, deine Hände und auch deine psychische Verfassung werden sich wandeln – du wirst dafür mit ihm gemeinsam euren ganz eigenen Weg finden. Vertraue dir, und sei dir immer der Wunder der Schöpfung bewusst. Ich werde stets an deiner Seite sein und dich begleiten, so wie ich es schon immer tat.«

Seine Worte prägten sich in jede meiner Zellen ein, während ich das Gefühl hatte, in einen entspannten Schlaf zu sinken. Mein Leben begann in diesem Moment ein zweites Mal, und ich fühlte mich angekommen. Im absoluten Frieden und ganz tief in mir selbst war ich endlich in meinem ganz eigenen Körperuniversum angekommen, dessen Herzschlag einem kosmischen Gesang glich.

Neugeburt

Der Hall des Echos

Ganz sanft, so als würde ich mich noch immer in der Umarmung meines Lehrers befinden, öffnete ich immer mal wieder meine Augen, nur, um gleich danach erneut in die mir so bekannten Welten zu gleiten. Dieser Übergang war herrlich! Ich fühlte mich weich und warm eingebettet, wie im Uterus, in dem das Ungeborene den wohlbekannten Herzschlag der Mutter wahrnimmt und ab und an schon mal kurz in die Welt hinausspitzt.

Die Ärzte hatten meine Medikamentendosis verändert und dadurch den »Aufwachprozess« eingeleitet. Als ich jedoch das erste Mal meine Augen öffnete, war außer meiner schlafenden Bettnachbarin niemand im Zimmer. Ein sehr vertrauter Zustand! Ich lag in weiche, warme Decken gehüllt in meinem Bett, die Geräte gaben immer noch ihre leise piepsenden und surrenden Geräusche von sich, und ich spürte mich. Auch wenn ich immer wieder in diesen seligen Zustand entschwand, war mir doch vollkommen bewusst, dass ich mich wieder in meinem Körper befand, und das löste eine unbeschreibliche Dankbarkeit in mir aus. Ein herrlicher Zustand! Erschöpft, aber zugleich unendlich erfüllt nach meiner langen, sehr ereignisreichen Reise, war ich heimgekehrt.

Zwei Welten verschmelzen zu einer

»Wir holen sie jetzt zurück«, hatte man meinem Mann am frühen Morgen telefonisch mitgeteilt. »Das wird sich allerdings über einige Stunden hinziehen, bis sie wieder ansprechbar sein wird. Es reicht, wenn Sie gegen Mittag hier sind.« Diese Nachricht sprach sich wie ein Lauffeuer in meiner Familie herum. Sie alle hatten mich jeden Tag im Krankenhaus besucht und oft stundenlang an meinem Bett gesessen. Besonders mein Sohn hatte Tränen der Freude in den Augen, als er erfuhr, dass seine Mama endlich aus dem Koma zurückgeholt wird. Am liebsten hätte er sofort alles stehen und liegen lassen, um mich zu besuchen. Doch das blieb ihm in den ersten Tagen Gott sei Dank noch erspart, denn er hätte mit meinem Anblick nicht umgehen können.

Leise wurde die Türe geöffnet, und ein Pfleger betrat den Raum. Als er trotz des dicken Verbandes meine offenen Augen sah, lächelte er mich auf eine ganz ruhige und selbstverständliche Art an, als wäre ich eben aus einem kurzen Nickerchen erwacht. »Guten Morgen, junge Frau! Schön, dass Sie wach sind. Diese frohe Botschaft muss ich gleich weitererzählen. Bitte warten Sie noch einen Augenblick, ich bin gleich wieder da«, sagte er leise und verschwand, um kurz darauf mit zwei Ärzten zurückzukommen. Auch diese beiden gingen mit mir um, als sei es das Natürlichste der Welt, dass ich hier an Geräte angeschlossen im Bett lag und mich nicht bewegen konnte. Erst später wurde mir erklärt, wie wichtig dieser rücksichtsvolle Umgang mit Komapatienten ist, da sie sich kurz nach der Rückkehr oft nur schwer orientieren können oder nicht mehr wissen, warum sie eingeliefert worden waren. Wie wundervoll, dass es so mitfühlende Menschen gibt. Einer der Ärzte löste sanft ein Pflaster von meiner Kehle und zog vorsichtig den

Atemschlauch heraus, sodass ich zum ersten Mal seit neun Tagen vollkommen bewusst und ohne Hilfsmittel atmen konnte. Was für ein Gefühl! Dieser erste bewusste Atemzug war das größte Geschenk für mich, auch wenn sich alles noch irgendwie verklebt anfühlte. Noch nie zuvor hatte es sich so herrlich angefühlt, meine Lungen selbstständig mit Luft zu füllen und *bewusst atmen* zu können. Ich fühlte mich wie gerade erst aus dem schützenden Bauch meiner Mutter in diese Welt geboren, den ersten Atemzug nehmend, um meinem neuen Leben ein lautes »Seelen-Ja« zuzurufen.

Ich fühlte mich unendlich schwach und kraftlos, wurde künstlich ernährt und tauchte dankbar immer wieder in einen heilsamen Schlaf ab. Innerlich jedoch jubelten meine Zellen. Alles in ihnen war auf Regeneration und Erneuerung eingestellt, und ich trug in mir die Gewissheit, dass ich mich voll und ganz in sie fallen lassen konnte. Alles war perfekt!

Wenn ich an diese ersten Tage nach meinem Erwachen zurückdenke, bewegt mich das sehr, denn ich war in meinem ganzen Leben noch nie so glücklich gewesen wie in dieser Zeit! Ein sehr friedvolles und ruhiges, ganz tiefes inneres Glück. Durch die medizinische Versorgung hatte ich körperlich keinerlei Schmerzen und glitt immer wieder sanft in den allumfassenden Zustand der Quelle zurück. Leicht und wie selbstverständlich wechselte ich zwischen der Quelle und meinem wachen Bewusstsein hin und her und kam dadurch immer vollständiger in meinem Körper an. Es waren zwei ganz unterschiedliche Welten, die sich in diesen Tagen für mich zu einer neuen, erlebbaren Realität vereinten. In meinem Körper fühlte ich mich eingebettet und liebevoll von meinem Pfleger und besonders von meiner Familie umsorgt. Sie durften mich täglich für kurze Zeit besuchen. Da die Infektionsgefahr allerdings enorm hoch war, erlaubte man immer nur einem Besucher, in steriler Kleidung bei mir im Zimmer zu sein. Alle anderen saßen hinter einer großen Glaswand, die das Zimmer von einem Nebenraum trennte. So saßen oftmals meine Mutter oder mein Mann an meinem Bett, wenn ich meine Augen öffnete.

In die strahlenden, dankbaren Augen meiner Mutter zu blicken und meinen Vater hinter der Glaswand zu erkennen war unbeschreiblich schön. Die seelische Liebe zwischen uns, die ich dank meines Lehrers erfahren hatte, war mehr als greifbar und überwältigte mich regelrecht. Ich konnte sie in jeder meiner Zellen fühlen und empfand große Dankbarkeit, meine Eltern in diesem Leben bei mir zu wissen. »Es ist so schön, dass ihr da seid, wir haben sehr viel aufzuholen … ab jetzt wird alles anders«, waren die ersten Worte, die ich meiner Mutter leise zuflüsterte, während Tränen der Freude aus meinen geschwollenen Augen liefen.

Diese ersten Tage nach der Rückkehr in meinen Körper waren für mich eine wundervolle und sehr intensive Erfahrung. Ich fühlte mich hier sicher, warm und beschützt wie ein Neugeborenes in den Armen seiner liebenden Mutter und genoss die herzliche Rundumversorgung meines Pflegers. Er war ruhig und einfühlsam, und alles, was er tat, tat er mit einer bewundernswerten Selbstverständlichkeit. Er erneuerte sehr vorsichtig meine Verbände, achtete darauf, dass ich immer bequem lag, und benetzte regelmäßig die verletzte Haut an meinen Lippen mit Feuchtigkeit, solange ich noch nicht selbstständig trinken konnte. Mich interessierte in dieser Zeit kaum, was genau mit mir geschehen war. Ich fragte nicht, wie es unter den dicken Verbänden in meinem Gesicht oder an meinen Händen aussah, und auch meine Zukunft kümmerte mich nicht. Das Einzige, das für mich von Bedeutung war, war die Liebe! Langsam war ich auch wieder in der Lage, längere Gespräche zu führen, ohne in einen tiefen Schlaf zu fallen. Sobald ich aufrecht sitzen konnte und der dicke Verband um meinen Kopf durch einen dünneren ersetzt wurde, begann ich damit, meinem Pfleger Vorträge über die Liebe zu halten. Ich erzählte ihm, wie wichtig es für ihn sei, sich nicht nur für seine Patienten so hingebungsvoll aufzuopfern, sondern genauso aufmerksam mit sich selbst umzugehen. Ich legte ihm ans Herz, ein erfülltes und glückliches Leben zu führen, weil dieses Glück der Sinn unseres Lebens sei. Immer, wenn ich mit meinen Erzählungen begann, bekam ich einen sonderbaren Gesichtsausdruck, wie er mir kurz vor meiner Entlassung erzählte, und forderte seine unbedingte Aufmerksamkeit. Geduldig lächelnd hörte er mir jedes Mal interessiert zu und gab mir dadurch das Gefühl, mich ernst zu nehmen. Heute bin ich mir da allerdings nicht mehr so sicher, denn in meinem Krankenhausbefund steht: »Die Patientin entwickelte nach Dekanülierung ein Durchgangssyndrom, das sich jedoch zunehmend besserte.«

Der Begriff »Durchgangssyndrom« bezeichnet einen Zustand der völligen Verwirrung und zeitlicher wie räumlicher Desorientierung, wie es nach einem so langen Koma häufig vorkommt. Ich fühlte mich allerdings keineswegs verwirrt oder desorientiert, obwohl ich wohl teilweise auch recht wirres Zeug von mir gegeben haben muss. Im Gegenteil! Ich fühlte mich klarer und präsenter als jemals zuvor, auch wenn mein armer Körper noch zu fast keiner Bewegung fähig war – mein Geist und vor allem mein Gefühl für mich selbst waren hellwach!

Als ich mich bei einer Visite nach meinem Zustand erkundigte, berichteten mir die Ärzte ausführlich, was mit mir geschehen war. Sie erklärten mir, wie sie meine teilweise schwersten Verbrennungen im Gesicht, an Ohren, Hals und Händen bisher behandelt hatten, und das weitere Vorgehen. All das spielte allerdings keine bedeutende Rolle für mich. Ich wusste genau, dass mein Körper auf eine wundersame Weise heilen würde und dazu keinerlei Hilfe benötigte. Alles war auf eine Weise perfekt, wie ich es noch nie zuvor erlebt hatte, und nichts in mir stellte das infrage. Irgendetwas hatte sich grundlegend geändert, doch ich wusste noch nicht so recht, was das war. Irgendwie schien ich mir keinerlei Sorgen mehr zu machen, hatte keine düsteren Gedanken mehr und empfand Dankbarkeit allem gegenüber – auch mir selbst. Diese Gewissheit, dass alles gut ist, wie es ist, begleitet mich bis heute.

Identitätsverlust

Vier Tage nachdem ich wieder erwacht war, sagte mein Pfleger lächelnd: »Heute ist ein besonderer Tag, Frau Evertz. Ich habe gehört, dass Ihr Sohn Sie heute besuchen kommt, und dazu dürfen Sie das Bett das erste Mal verlassen, wenn Sie möchten. Wir könnten Sie im Rollstuhl ins Besucherzimmer bringen, was halten Sie davon?« In mir überschlug sich alles vor Freude, als ich das hörte. Manuel wiederzusehen, der mir mit seinen 14 Jahren so selbstlos das Leben gerettet hatte, trieb mir die Tränen der Freude in die Augen. Doch schon kurz darauf überkamen mich erste Zweifel. »Wie sehe ich denn eigentlich aus? Hält er es aus, mich so zu sehen?«, erkundigte ich mich vorsichtig. »Bitte, ich muss wissen, wie ich aussehe, bevor mein Sohn kommt. Gibt es hier einen Spiegel? Ich habe nirgendwo einen gesehen.«

»Aber natürlich haben wir Spiegel, doch dazu möchte ich Ihnen noch etwas Wichtiges sagen«, erklärte er mir freundlich, nachdem er einen kleinen Handspiegel aus dem Schrank geholt hatte und sich damit an mein Bett setzte. »Ich möchte, dass Sie wissen, dass Sie ganz wunderbar aussehen! Wir alle hier sind hochzufrieden mit dem Heilungsverlauf. Ihre Haut braucht im Moment nur noch etwas Zeit und …«

Seine weiteren Worte hörte ich nicht mehr, denn als ich in den kleinen Spiegel sah, den er mir mit etwas Abstand vors Gesicht hielt, brach ich erschüttert in Tränen aus. Was, in aller Welt, war das? Das Gesicht, das mich im Spiegel ansah, konnte doch nicht meins sein! Ich blickte in tiefrote, geschwollene Augen, sah ein rundes, fleischiges Etwas ohne Haare und ohne Lippen. Das, was einmal Haut gewesen war, glich rotem Fleisch, das teilweise dunkle Krusten gebildet hatte, und das Einzige, was mir ein wenig vertraut vorkam, war meine Nase. Dieses Gesicht war aufgedunsen und hatte Augen, die mir Angst machten. Alles, was einmal weiß gewesen war, stach mir nun in knalligem Rot entgegen. Augenbrauen und Wimpern waren verbrannt, und meine langen dunklen Haare hatte man vollständig abrasiert. Das konnte unmöglich ich sein! Zum ersten Mal seit meiner Rückkehr aus dem Koma fühlte ich mich entmutigt. Sprachlos blickte ich meinen Pfleger an, der abwartend neben mir saß und meinen Arm streichelte. »Das sieht alles viel schlimmer aus, als es ist«, versuchte er mich zu beruhigen, doch seine Worte erreichten mich kaum. Ich sah in das völlig entstellte Gesicht eines Wesens, das ich nicht kannte, und meine Vorfreude auf meinen Sohn war purer Angst gewichen. So durfte er mich auf keinen Fall sehen! Das, was mir hier entgegenblickte, hatte nichts mehr mit seiner Mutter zu tun. »Nein!«, murmelte ich niedergeschlagen. »Bitte rufen Sie zu Hause an, und sagen Sie meiner Familie, dass ich Manuel nicht sehen möchte … das erträgt er nicht. So darf er mich niemals sehen!« Tränen rannen aus dem, was einmal strahlende Augen gewesen waren, und meine innere Leichtigkeit war großer Ratlosigkeit gewichen. Es fühlte sich für mich an, als hätte ich meine eigene Identität verloren. Mein gutes Gefühl für mich selbst und mein schreckliches Äußeres konnten unterschiedlicher nicht sein, und ich hätte mich am liebsten für die nächsten Monate zurück in die Arme meines Lehrers gewünscht.

»Nun sehen Sie das mal nicht ganz so schwarz, junge Frau«, versuchte mich mein Pfleger aufzumuntern. »Die Infektionsgefahr ist noch enorm hoch, deshalb werden wir sowieso wieder einen leichten Verband anlegen. Außerdem bekommen Sie einen großen Mundschutz und eine schicke grüne Haube auf den Kopf. Dann, so werden Sie sehen, ist alles nur noch halb so schlimm! Ihr Sohn freut sich bestimmt unglaublich, wenn er seine Mama endlich sehen darf, oder?« Ohne meinen Widerspruch abzuwarten, begann er damit, meine Verbände zu wechseln, und so fand ich mich eine Stunde später, ziemlich aufgeregt im Rollstuhl sitzend, im Besucherzimmer wieder. Nun war ich diejenige, die von oben bis unten in grüne, sterile OP-Kleidung gehüllt war, und nur meine rot unterlaufenen Augen waren wirklich zu erkennen.

Den Moment, als sich die Tür öffnete, und ich meinen Sohn das erste Mal nach meinem Unfall wiedersah, werde ich niemals vergessen. Jegliche Sorge war in diesem einen Moment verschwunden, und ich fing schon wieder an zu weinen, doch dieses Mal vor unbeschreiblicher Freude. Diese Stunde, die wir miteinander verbringen durften, war für mich die allerbeste Medizin und der größte Ansporn. Die ganze Zeit sah ich nur in seine Augen und vergaß dabei die surreale Situation, in der wir uns befanden. Ich lachte viel, plapperte ohne Punkt und Komma einfach drauflos und kann mich heute überhaupt nicht mehr daran erinnern, was ich ihm alles erzählt habe. Es war, als sei eine große, dunkle Mauer in mir einfach in sich zusammengestürzt, und ich fühlte mich, als sei ich einfach nur ein paar Tage auf einer weiten Reise gewesen. Erst sehr viel später erzählte er mir, wie schwer diese erste Begegnung für ihn gewesen war. Meine Familie hatte zwar versucht, ihn auf meine Verletzungen vorzubereiten, und so konnte er natürlich erahnen, wie es unter meinen Verbänden aussah.

In den folgenden Tagen erholte ich mich erstaunlich schnell und wurde immer lebendiger. Ich spürte eine ganz neue Vorfreude und Lebensfreude, die ich so noch nie gefühlt hatte. Die künstliche Ernährung wurde abgesetzt, und somit verschwanden auch immer mehr Schläuche aus meinem Körper. Meine riesigen, offenen Wunden an Gesicht und Händen wurden jeden Tag gründlich gereinigt und frisch verbunden, und selbst meine Ohren erholten sich gut. Wären meine Hände nicht nach wie vor mit starren Schienen und dicken Verbänden ruhig gestellt gewesen, hätte ich vor lauter Tatendrang den ganzen Tag Binden gewickelt oder mir etwas anderes gesucht, mit dem ich mich hätte beschäftigen können. Ständig löcherte ich meine Pfleger damit, ob sie nicht irgendeine Arbeit für mich hätten, denn ich suchte nach einem Weg, diesen inneren Tatendrang auszuleben. Obwohl es mir noch nicht erlaubt wurde, versuchte ich, mich immer wieder selbstständig in den Rollstuhl zu setzen, der neben meinem Bett stand, nur um mich nicht mehr so eingeschränkt zu fühlen. Mit meinen Füßen rollte ich ihn im Zimmer hin und her, doch sobald man mich dabei erwischte, musste ich wieder ins Bett zurück. Die Lebensfreude und Erneuerung in meinen Zellen steigerten sich fast täglich, und daher empfand ich es zunehmend als Folter, an dieses Bett gefesselt zu sein. Ich wollte laufen, mich bewegen, so schnell wie möglich hier raus und wieder zurück in mein altes und zugleich vollkommen neues Leben. Ich fühlte mich wie aufgezogen und zu allem fähig! Es gab so vieles, was ich jetzt in Angriff nehmen wollte, so vieles, was sich nun ändern würde, dass ich die Zeit auf der Intensivstation zunehmend als unnötig empfand. Erholen konnte ich mich auch zu Hause!

Meine Ärzte sahen das allerdings vollkommen anders als ich und reagierten sogar ziemlich streng, als ich ihnen erzählte, dass ich gerne nach Hause möchte.

Ich war so klar in meinem Wunsch, dass mir mein behandelnder Arzt wiederholt sagte: »Sie sind viel zu euphorisch und haben den Ernst Ihrer Lage wohl noch nicht begriffen!«

»Den Ernst meiner Lage?«, fragte ich ihn. »Ich weiß einfach, was ich jetzt am dringendsten brauche, und dem vertraue ich!«

»Sie haben schwerste Verbrennungen erlitten und lagen neun Tage im Koma, Frau Evertz! Das ist alles andere als ein Pappenstiel! Wir sind zwar mit dem bisherigen Heilungserfolg sehr zufrieden, doch Ihr Körper braucht Zeit und vor allem Ruhe, damit er sich von all den Strapazen erholen kann. Wenn Sie es hier schon nicht mehr aushalten, dann könnten wir uns vielleicht überlegen, Sie auf die normale Station zu verlegen. Allerdings dürfen Sie sich darauf einstellen, noch ein paar Wochen bei uns zu bleiben. Danach beantragen wir eine ausgiebige Reha mit Begleitperson für Sie. Außerdem werden Sie aufgrund der großflächigen Transplantationen in Ihrem Gesicht und an den Händen für längere Zeit eine Gesichtsmaske und Handschuhe aus Kompressionsmaterial tragen müssen, damit das Gewebe nicht zu sehr vernarbt. Vieles kann man dann auch noch später in der plastischen Chirurgie korrigieren, wenn alles verheilt ist, doch bis dahin dauert es noch lange.«

Als ich zuhörte, wie es mit mir aus Sicht der Ärzte weitergehen sollte, spürte ich die sanfte Schwingung meines Lehrers an meiner Seite und hörte seine wohlvertrauten Worte, die er mir so eindrücklich vermittelt hatte: »Dein Körper ist um ein Vielfaches schlauer und mächtiger, als du dir vorstellen kannst. Vergiss das niemals! Er folgt deinem Bewusstsein und wird dir seine Wunder zeigen, wenn du es ihm erlaubst. Er wird sich vollkommen neu ausrichten, dein Gesicht, deine Hände und auch deine psychische Verfassung werden heilen – denn ihr beide werdet gemeinsam euren ganz eigenen Weg dafür finden. Vertraue dir, und sei dir immer der Wunder der Schöpfung bewusst.« Das war am 11. Oktober 2009, und bereits am 13. Oktober, 15 Tage nach meiner Einlieferung, verließ ich auf eigene Verantwortung das Krankenhaus.

Mein Befreiungsschlag

Die Ärzte hatten alles versucht, mich davon abzuhalten, doch ich wusste es besser. Ich hatte für mich die klare Entscheidung getroffen, nur noch auf meine eigene innere Stimme zu vertrauen, und diese sagte mir ganz deutlich: Geh nach Hause. Du brauchst all das hier nicht. Du brauchst jetzt einen geschützten, behüteten Rahmen, in dem du wieder zu Kräften kommen kannst und dich geborgen fühlst. Alles andere macht dein Körper ganz allein. Vertraue ihm!

Da mein Vater selbst Arzt ist und ich mich bei ihm in besten Händen wusste, konnte mich auch der Chefarzt nicht mehr umstimmen, auch wenn sein Entsetzen darüber fast greifbar war. Nach einem ausgiebigen Gespräch mit einer schnell herbeigerufenen Psychologin musste ich noch eine vierseitige Erklärung unterzeichnen, in der ich die volle Verantwortung für mich übernahm und das Krankenhaus von allen Folgen meiner Entscheidung entband. Diese Unterschrift fühlte sich wie ein Befreiungsschlag an. Wenn ich heute darüber nachdenke, warum mich damals nichts mehr dort halten konnte, spüre ich sofort wieder dieses unbändige Bedürfnis nach Liebe und Geborgenheit, welches für mich weit über der Vernunft stand. Nichts war für mich jetzt wichtiger als eine angenehme und vertraute

Umgebung, denn mir ging es zu diesem Zeitpunkt das erste Mal in meinem Leben wirklich gut, auch wenn ich die Einzige war, die das wusste!

Jedoch möchte ich ganz ausdrücklich betonen, dass meine Situation eine sehr außergewöhnliche war. Meine Entscheidung fiel mir leicht, da ich mich von meinem Vater bestens medizinisch betreut fühlte, aber das bedeutet natürlich nicht, dass die Ärzte nicht vollkommen recht mit ihren Warnungen hatten.

Von der Raupe zum Schmetterling

Als ich endlich im Auto saß und mein Mann sich einen Weg durch den Münchener Verkehr bahnte, war ich erschöpft, aber glücklich. Die stundenlangen Gespräche mit den Ärzten, die mit allen Mitteln versucht hatten, mich umzustimmen, waren anstrengend gewesen. Immer und immer wieder hatte ich versucht, ihnen zu erklären, dass das Einzige, was ich jetzt brauchte, um wieder zu Kräften zu kommen, Ruhe und mein privates, geschütztes Umfeld war, doch sie sahen das anders. Sie nannten mir Fakten, Erfahrungswerte und warnten mich vor der Infektionsgefahr, doch mein Körper blieb strikt bei seiner Aussage. Er wusste, was er brauchte, und ich spürte das mehr als deutlich. Seit ich dank meines Lehrers die Entscheidung für meinen Körper und für ein gemeinsames Leben mit ihm so bewusst getroffen hatte, standen wir beide in einer ganz besonderen Verbindung zueinander. Es wirkte auf mich, als hätte er die Führung übernommen, und ich war nur sein Sprachrohr. Sobald etwas nicht gut für mich war, zeigte er mir das sofort durch ein Gefühl der Enge und Schwere. Manchmal hatte ich sogar den Eindruck, als könnte ich die Lebendigkeit in meinen Zellen spüren, und wusste genau, was sie mir auf ihre ganz eigene Weise mitteilen wollten.

Die ersten Tage zu Hause verbrachte ich fast nur liegend und schlief viel. Hier, in diesem von Dankbarkeit erfüllten Heim, fühlte ich mich in meiner neuen Realität sicher und geborgen. Ich wollte unbedingt so nah wie möglich bei meiner Familie sein, und so hatten sie es mir im Wohnzimmer auf der Couch bequem gemacht. Die Zimmerdecke war immer noch schwarz vom Ruß des Feuers, und so, wie ich lag, fiel mein Blick direkt auf den Kamin. Sein Anblick löste wundersamerweise eine tiefe Dankbarkeit in mir aus, die ich mir selbst nicht erklären konnte. Ich sehe noch heute das verdutzte Gesicht meines Sohnes, als ich ihn fast jeden Abend bat, Feuer zu machen, weil ich unbedingt das Knistern hören wollte.

Alles in mir und um mich herum fühlte sich so herrlich neu an. Ich befand mich zwar in meiner gewohnten Umgebung, doch ich sah und erlebte sie auf eine völlig neue Weise. Zwei Wochen waren erst seit meinem Unfall vergangen, doch diese zwei Wochen hatten mich selbst und mein gesamtes Leben verändert. Nichts war mehr wie vorher. Ich war nicht mehr dieselbe! Ich empfand eine überaus angenehme Ruhe in mir, ein *Angekommensein* in mir selbst, das ich am besten mit dem Wort »Fülle« beschreiben kann. Ich fühlte mich durch und durch erfüllt und konnte mich kaum noch an diese quälende innere Leere erinnern, die noch vor so wenigen Tagen mein Leben geprägt hatte. Auch in meinem Kopf erlebte ich diese befreiende Ruhe sehr deutlich. Keine negativen Gedanken kreisten mehr in Endlosschleife um sich selbst, keine Sorgen oder Zukunftsängste. Ich lag oft einfach nur glücklich auf meiner Couch, in weiche Decken eingehüllt, und erfreute mich an dem lebhaften Geplapper und Lachen meiner Familie. Die Erinnerungen an das, was sich in diesen neun Tagen außerhalb meines Körpers ereignet hatte, waren mit erstaunlicher Klarheit präsent. Alles, was ich mit meinem Lehrer in den seelischen Bereichen erlebt hatte, erfüllte mich mit unbeschreiblicher Dankbarkeit und einem seligen Glücksgefühl.

Das Schönste aber war, dass ich wieder bei den Menschen sein konnte, mit denen ich so nah und vertraut verbunden war. All das verdankte ich der weisen Vorausschau meines Lehrers, der mich geduldig dazu ermutigt hatte, mich wieder auf mein Leben einzulassen. Was für ein unbezahlbares Geschenk! Ein großer Teil von mir schien sich nach wie vor noch in diesen unbeschreiblichen seelischen Ebenen zu befinden, denn ich fühlte keinerlei Trennung mehr. Kein »Hier« oder »Dort«, kein »Körper« oder »Seele«. Es war ein Zustand, in dem alles, was mich ausmachte, miteinander vereint und verbunden schien. Nichts von all den Wundern, denen ich begegnet war, hatte ich zurückgelassen. Viel eher fühlte es sich so an, als wäre ich unermesslich reich beschenkt in dieses Leben zurückgekehrt.

Die Tabletten, die man mir im Krankenhaus mitgegeben hatte, nahm ich nur am ersten Tag ein, und das auch nur, weil mein Mann mich dazu drängte. Ich hatte keinerlei Schmerzen, außer beim Verbandswechsel, den ich einmal am Tag über mich ergehen lassen musste, und daher wollte ich sie nicht. Meine rechte Hand, beide Ohren und auch Teile des Gesichtes hatten Verbrennungen dritten Grades erlitten, was bedeutete, dass das Gewebe dort sehr schwer und irreversibel geschädigt war. Die zarten, frisch transplantierten Bereiche nässten stark und mussten sorgsam gepflegt werden, besonders an meinen Händen. Das Abnehmen der verklebten Verbände war die einzige schmerzhafte Prozedur dieser Tage. Allerdings heilte meine Haut unfassbar schnell. Fast täglich konnten wir Verbesserungen feststellen, und ich hatte das Gefühl, dass mir mein Körper auch dadurch unmissverständliche Zeichen geben wollte. Durch meine dick verbundenen Hände, die nach wie vor durch Schienen ruhig gestellt wurden, war ich bei fast allem auf Hilfe angewiesen. Ich konnte weder allein essen noch duschen oder mich umziehen. Bei jeder noch so geringen

Kleinigkeit lernte ich, um Hilfe zu bitten, und auch das war eine sehr neue und heilsame Erfahrung für mich.

Gott würfelt nicht

Kurz nach meiner Rückkehr besuchte mich ein sehr netter Polizist, der den Unfallhergang untersuchte. Er hatte bereits mit meiner Familie gesprochen, hatte sich in den letzten Tagen vor Ort ein Bild von den Umständen gemacht und wollte nun von mir den genauen Ablauf wissen. Vor allem war es ihm aber wichtig, sich zu erkundigen, wie es mir ging. »Sie haben unfassbares Glück gehabt«, sagte er sehr berührt, als er meine Verletzungen sah. »Ich untersuche viele solcher Brandunfälle, doch dieser hier ist sehr außergewöhnlich. Eine Bio-Ethanol-Verpuffung ist unerbittlich und normalerweise kaum zu löschen. Hätte Ihr Sohn auch nur einen einzigen Moment gezögert oder eine andere Entscheidung getroffen, würden wir jetzt nicht miteinander sprechen.«

Wir unterhielten uns eine ganze Weile, ich erzählte ihm ausführlich, wie ich den Abend des 28. September erlebt hatte, und meine Augen strahlten dabei, ohne dass ich es bemerkte. »Darf ich Sie fragen, warum Sie so positiv und lächelnd von diesem schrecklichen Unfall erzählen?«, fragte der Polizist, nachdem er mir interessiert zugehört hatte. »Weil Gott nicht würfelt«, antwortete ich ihm spontan. »Alles in unserem Leben folgt einem unsichtbaren Plan, und nichts davon geschieht willkürlich oder zufällig. Ich lächle, weil es nichts gibt, worüber ich traurig sein müsste.«

»Sie sind wirklich eine erstaunliche Frau, und das hier bewegt mich auf eine ganz besondere Weise, die ich mir nicht erklären kann«, sagte er. »Auch das Gespräch mit Ihrem Sohn hat mich sehr beeindruckt, und deshalb habe ich meinen Bericht an die Bezirksregierung geschickt und ihn für die Auszeichnung mit der Lebensrettungsmedaille vorgeschlagen. Das ist aus meiner Sicht genau das, was er verdient.« Manuel hatte unser Gespräch mitgehört und setzte sich nach den Worten des netten Polizeibeamten lächelnd neben mich auf die Couch. Er gab mir einen vorsichtigen Kuss auf meine verkrustete Stirn und strahlte dabei bis über beide Ohren. »Ich habe meine Mama wieder hier, und das ist das Einzige, was wichtig ist! Außerdem finde ich an meinem Handeln nichts besonders oder außergewöhnlich.« Die Medaille, die ihm einige Monate später vom Ministerpräsidenten in einer sehr feierlichen Zeremonie verliehen wurde, liegt jetzt, nebst Urkunde, einer Uhr und einem langen Zeitungsbericht, wahrscheinlich in irgendeiner seiner Schubladen.

Das fremde Gesicht im Spiegel

Das Krankenhaus hatte einen strikten Therapieplan für mich ausgearbeitet, der als einen der ersten Schritte einen mehrwöchigen Reha-Aufenthalt in einer Klinik für Brandverletzte vorsah. Dem hatte ich mich allerdings erfolgreich widersetzt, nachdem ich mir die Internetseite der Einrichtungen angesehen hatte. Der Schwerpunkt wird dort auf psychologische Betreuung und körperliche Wiederherstellung gelegt, und beides brauchte ich nicht. Mir ging es noch nie in meinem Leben so gut wie jetzt, und ich beobachtete täglich, wie sich mein Körper selbst erneuerte. Staunend stand ich oft vor unserer großen Fensterfront, blickte in die Natur, die sich auf den Winter vorbereitete, und wusste: Alles ist gut, wie es ist! In jedem einzelnen Moment. Alles nimmt sich seine Zeit und folgt einem übergeordneten Plan. Solange ich mich diesem schöpferischen Prozess hingebe, bin ich mit allem versorgt, was für mich wichtig ist und was ich brauche. Die bedingungslose Liebe, die ich erfahren hatte, war tief in mir verankert, und ich durfte jetzt staunend herausfinden, was das für mich und mein neues Leben bedeutete.

Während die Haut an meinen Händen und Ohren durch Salben feucht gehalten wurde, hatte man sich in meinem Gesicht für eine offene Wundheilung entschieden. Das bedeutete, dass ich dort keinerlei Verbände brauchte. Die Haut regenerierte selbstständig unter den dicken, dunkelroten Krusten, die eine natürliche Schutzschicht bildeten. Das war das Einzige, was für mich in der ersten Zeit eine wirkliche Herausforderung war. Um ins Bad zu gelangen, musste ich nämlich einen längeren Gang entlanggehen, an dessen Ende ein deckenhoher Spiegel hing. Jedes Mal erschrak ich aufs Neue, wenn ich mich darin sah. Dieses Gesicht, das mir aus einer dunkelroten Kraterlandschaft entgegensah, wirkte mehr als fremd auf mich. Keine Haare mehr zu haben verändert das eigene Erscheinungsbild schon enorm, aber das gewohnte Gesicht zu verlieren fühlte sich an wie ein vollständiger Identitätsverlust. An diesen Anblick konnte ich mich einfach nicht gewöhnen, denn ich erkannte mich nicht mehr. Der Mensch, den ich im Spiegel sah, war mir fremd, und er hatte nichts mehr mit der Frau zu tun, mit der ich mich früher identifiziert hatte.

Metamorphose

Die ersten Wochen zu Hause vergingen wie im Flug, und schon bald konnte ich die Schienen und Verbände an meinen Händen gegen dünne Baumwollhandschuhe ersetzen. Je mehr Krusten sich auch in meinem Gesicht von selbst lösten, desto staunender verfolgte ich meine eigene Metamorphose. Oft lachte ich, wenn ich gefragt wurde, wie es mir geht, und gab zur Antwort: »Wie einer Raupe, die sich verpuppt hat und zum Schmetterling wird«, denn genau das entsprach meinem Gefühl.

Ich hatte erkannt, dass meine Hauptaufgabe nun darin besteht, die bedingungslose Liebe kennenzulernen und sie zu leben. Ich wusste auch, dass es der Sinn meines Lebens ist, mithilfe unterschiedlichster Erfahrungen genau diese Liebe zu erkennen und durch sie Frieden zu finden. Meine Aufgabe besteht nicht darin, mich weiterhin an die Welt anzupassen, sondern die Welt da draußen durch mich zu bereichern. Alles, was ich dafür brauchte, war da, aber auch alles, was mich noch davon abhielt. So wie in der Raupe bereits der Schmetterling angelegt ist, wartet auch die Liebe auf ihre Entfaltung. Die Raupe und der Schmetterling, mögen sie auch noch so unterschiedlich sein, sind ein und dasselbe Tier. Die kleine Raupe beschäftigt sich tagein, tagaus mit Fressen und weiß nichts davon, dass für sie eine Zeit der Wandlung kommen wird. Sie erlebt in ihrem engen Körper eine sehr begrenzte Welt, die sie für ihre Realität hält. Sie glaubt, dass der einzige Sinn ihres Lebens darin besteht, zu fressen und zu wachsen. Sie spürt die Schwerkraft und vertraut auf ihre vielen Beinchen, die sie vorwärtsbringen, und auf ihre starken Kiefer, mit denen sie ihre Nahrung zerkleinern kann. Zu mehr fühlt sie sich nicht in der Lage. Um wachsen zu können, kann sie ihre enge Haut zwar mehrmals abstreifen, doch eines Tages ist auch das nicht mehr möglich.

Diese letzte Schicht lässt sich einfach nicht mehr lösen und zwingt das kleine Wesen unerbittlich in eine Wandlungsphase, die ihren Tod bedeutet. Die Raupe weiß, dass ihr Leben dem Ende zugeht, und sucht sich einen ruhigen Platz, um sich dem Tod hinzugeben. Sie nimmt wahr, wie sich die starre Haut immer mehr zu einem harten Kokon verdickt, und lässt sich darauf ein. Die Verwandlung in einen Schmetterling setzt voraus, dass sich ihr bisheriger Körper fast vollständig in seine Einzelteile auflöst. Die kleine Raupe gibt es bald nicht mehr, doch aus einigen ihrer Zellstrukturen entwickelt sich auf wundersame Weise ganz von selbst ein vollkommen neues Wesen: ein wunderschöner Schmetterling.

Auch wir können eine ganz ähnliche Metamorphose durchlaufen. Allerdings machen wir es uns viel schwerer als die kleine Raupe, denn wir widersetzen uns dieser Wandlung. Wir selbst sind unser schlimmster Gegner auf diesem Weg. Wir glauben nämlich unseren eigenen Gedanken, die uns höchst kreativ davon erzählen, wie ohnmächtig, klein und wertlos wir doch sind. Wir halten unseren eigenen Gedankenmüll für unsere Wahrheit und begreifen nicht, dass all dieses Geplapper in unserem Kopf absolut nichts mit der Wirklichkeit zu tun hat. In Wirklichkeit ist rein gar nichts an uns falsch! Wir sind weder klein noch ohnmächtig, sondern ein unfassbar weites, kreatives und vollkommen verbundenes Schwingungsfeld reinsten Bewusstseins. Wir sind bereits ALLES, was wir suchen, und können es im Moment nur noch nicht erkennen, weil wir es vergessen haben. Wie die Raupe, die nichts davon weiß, dass ein zweites, vollkommen anderes Leben auf sie wartet.

Der Schmetterling in mir zeigte sich nicht nur durch meinen Körper, der auf wundersame Weise heilte, sondern sogar noch deutlicher durch meinen Umgang mit mir selbst. Vor meiner Metamorphose hatte ich fast nur auf die Bedürfnisse anderer

Menschen geachtet und meine eigenen immer weit hinter die ihren gestellt. Jetzt war das mit einem Mal anders. Ich war so voller Tatendrang und Lebensfreude, dass ich unbedingt herausfinden wollte, was mir Spaß macht und sich gut anfühlt. Es begann ganz harmlos damit, dass mir bei vielem, was ich aß, plötzlich auffiel, wie wenig davon mir wirklich schmeckte. Viele Lebensmittel, die ich früher gegessen hatte, mochte ich eigentlich gar nicht, und so beschloss ich etwa vier Wochen nach meiner Rückkehr, mit meiner Freundin in den Supermarkt zu fahren. Wenn man so etwas noch nie selbst erfahren hat, kann man sich wahrscheinlich kaum vorstellen, welches Abenteuer dieser erste Einkauf in meiner Situation war.

Für die anderen Kunden muss ich ein ziemlich befremdliches Bild abgegeben haben, denn mir fielen ihre entsetzten Blicke auf, sobald sie mich ansahen. Da die Haare an meinem geschorenen Kopf bisher kaum nachgewachsen waren, hatte ich mich für eine helle, weiche Mütze entschieden, und die noch sehr empfindlichen Hände steckten in dünnen Baumwollhandschuhen. Mein noch komplett verkrustetes Gesicht konnte ich jedoch weder verhüllen noch überschminken. Dieser Schritt, mich – im wahrsten Sinne des Wortes – ohne Maske in die Öffentlichkeit zu wagen, kostete mich unglaublich viel Überwindung. Für eine Frau wie mich, die früher niemals ungeschminkt das Haus verlassen und immer penibel ihr äußeres Erscheinungsbild kontrolliert hatte, war das wirklich eine enorme Herausforderung, doch ich wollte mich nicht mehr verstecken.

Einige Mitarbeiter, die mich kannten, kamen vorsichtig auf mich zu und drückten ihr Mitgefühl aus. Der Unfall hatte sich herumgesprochen, und ein großer Zeitungsartikel über den genauen Ablauf hatte sein Übriges getan. Ich sah ihnen an, wie geschockt sie darüber waren, was mir zugestoßen war, und wie sehr sie sich freuten, mich wiederzusehen. Einige andere

Kunden versuchten, ihre Betroffenheit zu verbergen, und beobachteten mich eher aus dem Augenwinkel heraus, anderen gelang das weniger gut. Ich konnte ihre Reaktion wirklich sehr gut nachvollziehen. Mein Spiegelbild versetzte ja mich selbst noch immer in Entsetzen, wie sollte es da erst anderen Menschen gehen? Ich merkte allerdings sehr schnell, wie ich mich auf der einen Seite regelrecht »nackt« und fast wie auf einem Präsentierteller fühlte, auf der anderen Seite trotzdem aber ruhig und selbstsicher blieb. Ich spürte eine Kraft und Selbstverständlichkeit, die ich so noch nicht kannte. An diesem Tag hörte ich damit auf, mich zu verstecken, und lernte, mich selbst auch von außen so anzunehmen, wie ich eben war. Was für ein Befreiungsschlag!

Vor einer ähnlichen, allerdings nicht ganz so großen Herausforderung stand ich, wenn es darum ging, mich anzuziehen. Immer wenn ich meinen Schrank öffnete, sah ich Kleidung, die nicht meine zu sein schien. Fast alle Kleidungsstücke wirkten fremd auf mich, als ob sie einer Person gehörten, die nicht mehr existierte. Da gab es zum Beispiel meine geliebte Kuscheljacke, die ich noch vor kurzer Zeit wie ein Heiligtum gehütet hatte. Früher war ich immer sofort in diese Jacke geschlüpft, sobald ich zu Hause war, denn sie gab mir ein Gefühl der Geborgenheit. Jetzt jedoch engte sie mich ein. Ihr Muster irritierte mich, und ich spürte in ihr die Traurigkeit, die mich früher fast täglich begleitet hatte.

In diesen ganz persönlichen Bereichen zeigte sich meine innere Wandlung besonders deutlich. In mir hatte sich eine neue Sensibilität für Schwingung, Farbe, Form und Struktur entwickelt, die ich bisher nicht gekannt hatte, und besonders auffallend war auch mein neuer, sehr achtsamer Umgang mit mir selbst. Früher hatte ich Farben getragen, die mir andere Menschen empfohlen hatten, und einen Kleidungsstil bevorzugt, der meinem Beruf gerecht wurde oder praktisch war. So vieles hatte sich in meinem Inneren verändert, dass ich gar nicht anders konnte, als meine Kleidung dieser Wandlung anzupassen und alles Bisherige zu hinterfragen. Also sortierte ich kurzerhand den Inhalt meines Kleiderschranks aus und beschäftigte mich mit der Frage, was ich denn gern tragen möchte und worin ich mich wohlfühle.

Die Magie des Loslassens

Wenn ich heute auf diese ersten Wochen und Monate nach meiner Rückkehr zurückblicke, war das eine Zeit voller Wunder. Es fühlte sich an, als wäre ich in meinem alten Körper neu geboren worden, und ich erfuhr die Welt, in der ich lebte, auf eine völlig neue Art. Auch fühlte ich mich in keiner Weise mehr isoliert und leer, sondern erfüllt und glücklich. Das Erstaunlichste daran war für mich, dass ich nichts bewusst »getan hatte«, um diese Wandlung herbeizuführen. Ich hatte nichts wirklich verändert, hatte es mir nicht erarbeitet oder erkämpft, so wie ich es früher kannte. Die Veränderungen ergaben sich von selbst, als ich aufhörte, gegen das Feuer oder meine eigenen Widerstände anzukämpfen. Durch diese Hingabe ließ ich mich nicht nur auf den Tod und seine Folgen ganz bewusst ein, sondern gab das erste Mal in meinem Leben die Kontrolle auf. Auch der ständige innere Kampf hatte aufgehört, seit ich mit mir selbst Frieden geschlossen hatte und mich stattdessen liebevoll wahrnahm.

Als ich begriff, dass mich alles, was ich bisher getan hatte, nur immer weiter von mir selbst entfernt hatte, gab ich auf. Ich schloss Frieden mit all meinen Vorurteilen und Bewertungen über mich selbst und auch der Umwelt gegenüber. Das war das Einzige, was ich selbst wirklich zu dieser Wandlung beitrug. Ich hatte einfach losgelassen und aufgehört, mein Leben kontrollieren zu wollen und zu kämpfen! Wie die Raupe, die sich ihrer Wandlung einfach hingibt. Seitdem fühlte ich mich wie ein kleines Kind, das eine vollkommen neue Welt für sich entdeckte. Es war ein Gefühl, als sähe ich mich selbst und die Welt, in der ich mich bewegte, mit ganz anderen Augen.

Jedes Mal, wenn ich mal wieder über all diese Wunder nachdachte, die sich seit jenem 28. September ereignet hatten, spürte ich die Anwesenheit meines Lehrers. Ich fühlte seine goldgelbe Schwingung fast in dem gleichen Maße, wie ich sie auch während meiner Nahtoderfahrung wahrgenommen hatte. Sie erfüllte mich tief, und es gab keine Trennung, kein »Er« oder »Ich« mehr. Stets nahm ich sein liebevolles Lächeln wahr, mit dem er mir zu verstehen gab, dass mein klares Gefühl für mich selbst und meinen Körper der einzige Gradmesser war, an den ich mich im Moment halten sollte.

Ich erlebte in dieser Zeit eine Wandlung, die weit über die Heilung meiner Haut hinausging und so umfassend zu sein schien, dass sie mir schon fast wieder Angst machte. Doch ich hatte gelernt, mich bedingungslos auf alles einzulassen, was das Leben mir zeigen möchte, und genau das war eines der vielen Geschenke, die es für mich zu verinnerlichen galt.

Da gab es nun ein altes und ein neues Ich. Sie unterschieden sich so radikal und umfassend, dass ich selbst heute immer noch Schwierigkeiten habe, Worte dafür zu finden.

In meiner neuen Welt

Wie will man auch Worte für einen Zustand finden, der rein über das Bewusstsein erfahren wird und kaum etwas mit Gefühlen oder Gedanken zu tun hat? Einen Zustand, bei dem man sich sowohl in den seelischen Ebenen befindet als auch »hier« in einem Körper und unter anderen Menschen. Ich konnte all das weder mir selbst noch jemand anderem erklären und brauchte Jahre, um für diese neue Welt wirklich Worte zu finden. Jetzt ging es erst einmal nur darum zu lernen, mit all dem umzugehen, was sich verändert hatte, und das brauchte einfach Zeit.

In meiner alten Welt hatte ein kleines und sehr begrenztes Ich gelebt und funktioniert, das sich selbst fast immer als Opfer der Umstände sah. Weil ich damals nicht wusste, dass ich mir mein Leben genau so ausgesucht hatte und es in der Hand hatte, alles zu verändern, fühlte ich mich so klein und hilflos wie eine Raupe, deren Lebenssinn ausschließlich im Fressen und Wachsen besteht. Plötzlich jedoch war ich zum Schmetterling geworden und entdeckte, dass ich Flügel hatte. Flügel, die es mir möglich machten, dieselbe Welt auf eine ganz neue Weise zu erfahren. Ich spürte die Kreativität und Leichtigkeit, die sich durch mich ausdrücken wollte, und durfte einfach lernen, wie ich meine Flügel am besten nutzen konnte.

Je mehr ich mich damit beschäftigte, was mir guttat und was nicht, desto deutlicher meldete sich auch mein Körper zu Wort. Gerade in der ersten Zeit versuchte ich nämlich noch oft, mein Leben auf die alte, mir gewohnte Weise wieder aufzunehmen, doch das war ein aussichtsloses Unterfangen. Sobald ich etwas tat, das sich nicht gut anfühlte, reagierte mein Körper mit Unwohlsein oder wurde sogar krank. Er zeigte es mir sofort, wenn ich mich in Situationen begab, die ich in meinem alten Leben einfach weggelächelt hätte. Wenn ich mich zum Beispiel, ohne es zu merken, an den Willen anderer Menschen anpasste, obwohl ich es nicht wollte. Hielt ich mich zu lange in einer Umgebung auf, in der ich mich nicht wohlfühlte, konnte er mich sehr schnell aus der Situation »herauszwingen«. Mein Körper liebte es, mir mit einem Druck im Kopf ein Stopp zu signalisieren, wenn ich mich in alten Mustern verzettelte. Sobald ich anfing zu grübeln und einen Weg suchte, um einfach nur zu funktionieren, begannen Kopfschmerzen, die er spielend leicht bis zur Migräne steigern konnte. Ebenso gut war er darin, Übelkeit auszulösen, wenn ich mich trotz seiner Signale dazu zwang, bei Menschen oder in Situationen auszuharren, die mir nicht guttaten. Mein Körper sprach mit mir auf seine ganz eigene Weise und brachte mir dadurch ziemlich schnell bei, auf ihn zu hören und seine Zeichen zu deuten. Wenn ich in solchen Momenten nämlich nicht danach handelte, hatte er die Möglichkeit, den Druck unerbittlich zu steigern – und das tat er dann auch. Obwohl ich noch nicht genau wusste, warum er manchmal sogar sehr heftige Reaktionen zeigte, lernte ich, ihn nicht lange zu hinterfragen. Ich wusste, dass er auf seine ganz eigene Weise seine feinstofflichen Qualitäten in mir zum Ausdruck bringen wollte und mir durch seine Reaktionen aufzeigte, wenn ich mich von meinem *Wahren Ich* entfernte. Er war lediglich der »Übersetzer«, der die Schwingung meines seelischen Wesens in die materielle Welt transformierte. In dieser Zeit musste ich oft an meine frühere Weigerung ihm gegenüber denken. Mein Entsetzen, als ich während der OP in ihn hineingezwungen wurde, tauchte wieder auf, oder die vielen Besuche an seinem Bett, die mein Lehrer mit mir unternahm. Immer wieder hatte er mir bewusst machen wollen, wie wundervoll dieses »Körpergefäß«, wie er ihn so gern nennt, in Wirklichkeit ist. All das konnte ich allerdings erst begreifen, als ich seine Verbundenheit mit der

Quelle erkannte. Erst als mir die unendlichen tanzenden Goldfunken in meinen Zellen bewusst wurden und ich ihre Lebendigkeit spürte, nahm ich ihn an. Erst, als ich mich ganz bewusst auf all seine Qualitäten einließ, konnte ich ihn als das *wundervollste Bewusstseinsfeld* erkennen, das es für mich gibt. Er ist meine eigene, Materie gewordene Schöpfung und trägt alles in sich, was ich brauche, um ein wirklich bewusstes und erfülltes Leben führen zu können. Ohne ihn ist Erfüllung nicht erfahrbar – das weiß ich heute! Wie die Raupe, ohne die es niemals einen Schmetterling geben kann. Jedoch nützt es uns nichts, wenn wir seine Sprache nicht verstehen oder seine lauten Schreie ignorieren, so wie ich es früher getan hatte.

Die Worte meines Lehrers hatten sich tief in mir verankert, und somit fiel es mir nicht allzu schwer, mich von ihm führen zu lassen. »Geh zurück«, hatte er mir zum Abschied mit auf den Weg gegeben. »Lebe ein erfülltes Leben, und lerne, was das für dich bedeutet. Du wirst deinen Weg finden und trägst die Erinnerung an die Liebe, um die es geht, immer in dir. Vergiss das nicht!«

O ja, mein *Wahres Ich* hatte auch seine ganz eigene Weise, mit mir zu sprechen, jedoch weitaus rücksichtsvoller, als es mein Körper jemals könnte. Seine Art, mit mir zu kommunizieren, war viel leiser, sanfter, liebevoller und umfassender. Meine Seele hatte die Gabe, mich in einen Zustand der Begeisterung, der Freude und der Leichtigkeit zu versetzen, und schenkte mir Eingebungen und Ideen. Es löste allerdings keines der altbekannten Gefühle aus, sondern viel eher ein umfassendes Gewahrsein. Einen Zustand der Erfüllung zum Beispiel, in dem alles enthalten schien, was um mich herum existierte, und in den ich mich spielend leicht ausdehnen konnte. Es fühlte sich dann exakt so an, wie ich es während meiner Nahtoderfahrung kennengelernt hatte. Oder der Zustand der Begeisterung, der kaum mit einem »normalen« Gefühl zu vergleichen war. In dieser Begeisterung empfand ich alles als Wunder! Die Luft, die ich atmete, genauso wie den Tisch, den ich berührte. Das Zwitschern der Vögel, Regenwolken, die pure Existenz an sich und die Vielfalt der Natur. Allem wohnte plötzlich ein Zauber inne, und zwar ganz egal, auf was ich blickte. Sobald ich so allumfassende Zustände wahrnahm, wusste ich, dass es mein *Wahres Ich* war, welches mir dadurch die Richtung zeigte.

Für mich ging es also in der ersten Zeit ganz besonders darum, die Sprache meines Körpers und meiner Seele kennenzulernen und sie von meinen persönlichen Gefühlen und Gedanken zu unterscheiden. Mit der Zeit wurden wir drei ein eingespieltes Team! Mein Körper zeigte mir sehr deutlich an, wenn ich mich in eine Richtung begab, die mir nicht entsprach. Mein *Hohes Bewusstsein* war wie ein Wind, der mich stets durchströmte, wenn ich mich von ihm führen ließ, und dann gab es auch noch mich selbst! Ich fühlte mich meist wie ein stiller Beobachter, der die Signale von innen und von außen empfing und nun aufgerufen war, entsprechend zu handeln. Ich war wie der Kapitän eines Segelschiffs, der das Steuer in der Hand hielt und die Richtung wählte. Unter ihm das Meer, das mal stürmisch oder sanft sein konnte, und auf der anderen Seite der Wind, der ihm die Richtung vorgab. So lernte ich bald, meine Segel richtig zu setzen oder auch einzuziehen, wenn die See zu rau wurde.

Für mich setzt sich unsere Persönlichkeit aus genau diesen drei wichtigen Bausteinen zusammen: der bewusste Anteil, der stets die Wahl hat zu entscheiden, der unbewusste Teil, der sich über den Körper zum Ausdruck bringt, und der spirituelle Teil, das *Wahre Ich*, das uns die Richtung zeigt. Mithilfe dieser drei Bausteine lernte ich, in jedem Augenblick die Magie meines neuen Lebens zu erkennen und zu erfahren.

Eine radikale Wandlung

Kurz vor Weihnachten hatte sich mein körperlicher Zustand so sehr verbessert, dass ich kaum noch stillhalten oder untätig herumsitzen konnte. Knapp drei Monate waren mittlerweile vergangen, und auch wenn ich mit meinen Händen immer noch sehr behutsam umgehen musste, wollte ich unbedingt wieder etwas tun. Ganz besonders überkam mich ständig eine unbändige Lust aufzuräumen. Pausenlos wollte ich etwas wegwerfen, umräumen und aussortieren, denn ich hatte das Gefühl, dass nichts mehr von dem zu mir passte, was mich umgab. Egal, wohin ich auch sah, das meiste wirkte düster, alt und beengend auf mich. Der Inhalt jeder Schublade und jedes Regals landete mitten auf dem Boden, und ich sortierte radikal alles aus, was mir nichts mehr bedeutete. Dabei fiel mir auf, dass es kaum etwas gab, an dem mein Herz wirklich hing. Kaum etwas Materielles war mehr wichtig, außer, es war mit freudigen Emotionen verknüpft. Immer wieder fragte ich mich, ob ich etwas wirklich brauchte, ob ich mich gern damit umgeben wollte oder ob es mir guttat. Es ist schon wirklich erstaunlich, was man alles aufhebt, weil man denkt, man könnte es irgendwann noch mal gebrauchen, wie viele bedeutungslose Dinge, um mit ihnen eine innere Leere zu füllen. Die Geschenke, die ich von meiner Reise im Koma mitgebracht hatte, ließen sich nicht ins Regal stellen, und doch war die Erinnerung an jeden einzelnen Moment das Wertvollste, das ich besaß. So wanderte schnell ein

Müllsack nach den anderen vors Haus, und ich fühlte mich immer befreiter.

Schon länger hatte ich bemerkt, dass ich sehr viel Raum und Zeit für mich brauchte. Ich konnte mich sowieso immer schwerer an alltäglichen Gesprächen beteiligen und wich ihnen deshalb geschickt aus. Es war für mich kaum noch möglich, meinem Mann zuzuhören, wenn er mir die neuesten Nachrichten erzählte oder meine Meinung zu politischen Themen hören wollte. Die Geschichten, die mir meine Freunde erzählten, wirkten ebenso banal auf mich wie Sendungen, die im Fernseher vor sich hin liefen. Alles, was mich umgab, schien so gehaltlos zu sein, so leer und oberflächlich, dass ich mich immer weniger damit beschäftigen wollte. Es kostete mich unglaublich viel Kraft, einem Gespräch zu folgen, dessen Themen mich nicht interessierten, denn fast immer schien es nur um Dramen und Probleme zu gehen, die für mich nicht mehr existierten. Ich hatte dabei das Gefühl, als würden wir in unterschiedlichen Welten leben oder, besser gesagt, die Welt durch ganz verschiedene Augen betrachten. Für mich gab es keine Dramen mehr. Weder in meinem Kopf noch in meinem Gefühl. Viel eher erlebte ich alles um mich herum als ein einziges Wunder. Das prasselnde Kaminfeuer, der Schnee, der die Landschaft so sanft und fast schon majestätisch verwandelte, oder der Duft von dampfenden Kartoffeln. Die Tatsache, dass ich wieder am Leben war, ließ mich innerlich jubilieren, und ich liebte es, bestimmte Stoffe oder Holz zu berühren. Statt fernzusehen oder mich mit irgendwelchen Geschichten zu beschäftigen, erfüllte es mich viel mehr, stundenlang aus dem Fenster zu sehen oder spazieren zu gehen. In der Natur fühlte ich mich ganz mit meiner neuen Welt verbunden. Dagegen wirkten die Themen, die für mein Umfeld so wichtig waren, vergleichsweise leer, banal und unwichtig.

Während meiner Nahtoderfahrung hatte ich an jedem Ort umfassende bedingungslose Liebe erfahren, in die ich vollständig eingewoben war. Ich war dort keinerlei Grenzen mehr unterworfen und konnte meine eigene Unendlichkeit erkunden. Indem ich es wollte, öffneten sich Welten. Zurück in meinem Körper und in unserer materiellen Welt, war ich plötzlich wieder an ihre Gesetze gebunden, doch ich fühlte mich zunehmend fehl am Platze.

In solchen Momenten zog ich mich oft an einen ruhigen Ort zurück, um mich wieder in die lieb gewonnene Energie meines Lehrers fallen lassen zu können, ohne abgelenkt zu werden. Ich suchte seinen Rat und nach Erklärungen für meine Gefühle, denn ich merkte, dass ich mich langsam, aber sicher aus fast allem herausnahm, was vorher für mich so wichtig gewesen war. Nichts hatte mehr dieselbe Bedeutung wie vor meiner Nahtoderfahrung, und das verunsicherte mich stark. Sobald ich mich auf ihn konzentrierte, fing mein Körper innerlich zu kribbeln an. Als hätte ich überall sprudelnde, prickelnde Champagnerbläschen in mir – was für ein gigantisches Gefühl! Sobald ich die Präsenz meines Lehrers wahrnahm, überkam mich noch immer eine schier unbeschreibliche Freude, die mir Tränen tiefster Liebe in die Augen trieb. Ich war so unbeschreiblich glücklich, dass seine Anwesenheit für mich spürbar geblieben ist, denn genau vor diesem Verlust hatte ich wirklich große Angst gehabt. Immer wenn ich mir die Zeit nahm, um bewusst in den Kontakt mit ihm einzutauchen, verblasste der Raum um mich herum. Alles wurde leicht, so grenzenlos und frei, und stand im krassen Gegensatz zu der realen Welt, die mich umgab.

Er nahm mich dann wie schon so oft in die Arme und half mir sanft dabei, mich an seine hohe Schwingung anzupassen, die ich so gut kannte. Es war ein Gefühl, als könne ich mit seiner Hilfe über meine materielle Welt und ihren begrenzten Horizont hinausgleiten und spielend leicht meinen Körper verlassen.

»Warum ist in meinem Leben plötzlich alles so anders?«, überfiel ich ihn fast, als ich mich in ihm angekommen fühlte. »Ich habe keinerlei Gedanken mehr in meinem Kopf und könnte die ganze Zeit nur jubeln. Ich nehme die Welt um mich herum mit einem Mal so vollkommen anders wahr als früher. Alles in mir staunt nur noch über das Wunder des Lebens, und ich fühle mich unbeschreiblich glücklich dabei! Kein lautes, überschwängliches Glück, sondern ein ruhiger Frieden, der mich zutiefst glücklich macht. Verstehst du, was ich meine? Ich habe das Gefühl, als sei ich mit allem verbunden, besonders mit der Natur um mich herum, mit dir und auch mir selbst. Ich fühle mich das erste Mal so wirklich vollständig und erfüllt, aber auch sehr allein mit all dem, was hier mit mir geschieht! Alles, was in meinem alten Leben für mich wertvoll war, hat an Bedeutung verloren. All die Geschichten, die in der Welt passieren, oder die Themen, die andere Menschen gerade beschäftigen, kommen mir so unbedeutend vor. Sogar Worte, die ich verwende, empfinde ich als viel zu begrenzt oder sogar als unnötig, wenn ich ehrlich bin.«

Mein Lehrer hörte mir aufmerksam zu, denn er wusste, wie schwer diese Veränderungen für mich zu begreifen waren. »Ich fühle mich wie ein Buch mit lauter leeren Seiten, die neu gefüllt werden möchten, und ich weiß nicht, wie.«

»Das ist wirklich ein wunderschönes und sehr passendes Bild, Anke!«, antwortete er mir, als ich in meinem Redeschwall kurz innehielt. »Wenn du dich jetzt wie ein Buch mit leeren Seiten fühlst, kannst du dich noch an die Zeit vor unserer Begegnung erinnern?«

»Kaum. Ich weiß, dass sie da war, und ich weiß, wie ich mich fühlte, aber ich kann mich nicht mehr in diese Gefühle hineinversetzen. Ich habe es versucht, wenn ich mich mit anderen Menschen über diese Zeit unterhalten habe, aber es scheint, als hätte ich keinen Zugriff mehr darauf. Es ist wie eine Gefühls-Amnesie«, sagte ich. »Vorher war fast alles in meinem Leben mühsam und schwer, und ich sah überall nur Probleme. Alles löste Druck in mir aus, doch den größten Druck machte ich mir ja selbst, weil ich dauernd dachte, ich müsse etwas tun. Ich dachte immer, ich müsse mich verändern, passend machen für die Welt, in der ich lebe. Dabei habe ich nicht erkannt, dass alles einem großen Sinn folgt und ich es selbst in der Hand habe, mein Leben zu gestalten. Ich mochte mich selbst und dadurch auch mein Leben nicht, und genau das ist jetzt so unfassbar anders! Mit einem Mal sehe ich alles mit vollkommen anderen Augen, so als wäre ich mein ganzes Leben lang schlafwandelnd durchs Leben gelaufen, hätte ein Leben unter anderen Schlafwandlern geführt und sei plötzlich aufgewacht. Mit einem Mal sehe und spüre ich überall nur Liebe in mir und erkenne den Traum, den ich als Schlafwandler geträumt habe, als Traum. Verstehst du, was ich meine?«

»Du bist über die Grenzen deines *kleinen* Ichs hinausgegangen, als du erkanntest, wer du wirklich bist«, erklärte er mir. »Du hast dich in diesen neun Tagen über alles hinausbewegt, was du vorher als deine Realität angenommen hattest, und genau deshalb erfährst du dich und deine Welt nun so vollkommen anders und neu. Du hast mit deinem Bewusstsein die Bereiche jenseits deiner damaligen Sichtweise erfahren, und nun ist es für dich nicht mehr möglich, in deine alte, sehr begrenzte Welt zurückzukehren. Kannst du dich noch erinnern, was ich dir in diesem Zusammenhang gesagt hatte?«

»Ja klar! Du sagtest: ›Wenn das Unsichtbare sichtbar wird, kann man nie wieder in die Unwissenheit zurückfallen.‹«

»Stimmt. Du allein hast die Wahl, aus welchem Blickwinkel du dein Leben betrachtest und was du dort entdecken willst. Verstehst du? Ich würde dir gern zeigen, was ich damit meine. Denn erst jetzt, nachdem du dich wieder in deinem Körper befindest, kannst du die Bedeutung meiner Worte wirklich erfassen. Dann wirst du auch verstehen, warum du dich selbst und die Welt mit anderen Augen siehst.«

Verzerrtes Weltbild

Während unserer Unterhaltung hatte ich wieder den erhöhten Blickwinkel eingenommen, den ich seit unserer gemeinsamen Reise so gut kannte. Bilder, Erfahrungen und die dazugehörigen Erkenntnisse tauchten in meinem Bewusstsein auf, und es war, als würde mein Lehrer aus der Fülle all dessen, was ich mir mit seiner Hilfe bereits angesehen hatte, ganz bestimmte Bereiche herausfiltern wollen. Wie in einer komprimierten Zusammenfassung zeigte er mir mal wieder ganz gezielt den Kokon, der mein Energiefeld umgeben hatte und der mich seit meiner Geburt von den höheren Bereichen meiner Seele trennte. Er hatte mir diesen Kokon und auch seine Entstehung während meiner Nahtoderfahrung schon oft gezeigt, doch dieses Mal schien er klarer werden zu wollen.

»Kannst du dich auch noch erinnern, was ich dir über genau diese Begrenzungen deines Selbst erklärt habe?«, fragte er mich.

»O ja, das kann ich! Der Kokon bildet sich, damit wir uns als Mensch erst wirklich erfahren können. Diese Begrenzung sorgt dafür, dass wir uns in der Dualität als einzelnes, getrenntes Individuum erleben und sich unsere menschlichen Gefühle und Gedanken entwickeln können.« Ich konnte mich noch sehr gut an das Bild von der Schneekugel erinnern: die wunderschöne Kugel, die eine ganz eigene, magische Welt beherbergt. In ihrem Inneren war eine winzig kleine, ganz eigene Welt zu erkennen, in der es Tag und Nacht, Licht und Schatten, Gefühle und Gedanken, Raum und Zeit gab. In ihr existiert alles, was ich bis zum 28. September 2009 für meine Realität gehalten hatte. Mein Lehrer bat mich, in die Kugel hineinzugehen, und sofort veränderte sich meine Wahrnehmung, und ich begann, mich wieder mit dieser Welt zu identifizieren. Ich spürte den Boden unter meinen Füßen und vergaß sehr schnell, dass ich mich im Inneren einer Kugel befand. Sie enthielt alles, was ich von mir selbst dachte, all meine Erfahrungen, Erlebnisse und Gedanken. Plötzlich konnte ich wieder alles fühlen und meine Welt auf eine ganz ähnliche Weise sehen wie vor dem Brand. Ich fühlte mich selbst wieder als klar definiertes Individuum mit einem Körper. Plötzlich kamen auch meine altbekannten Zweifel in mir auf, Freude und auch Angst. Ja ich verspürte sogar Lust auf eine saftige Orange, und das war wirklich etwas ganz Verblüffendes, denn niemals während meiner Nahtoderfahrung hatte ich Hunger verspürt. Hier existierte ein Gefühl für Zeit, für Vergangenheit und Zukunft, und es verblasste alles Grenzenlose, in das ich dank meines Lehrers eingetaucht war. Je länger ich mich in der Kugel aufhielt, desto mehr fühlte ich mich von der Verbundenheit, der bedingungslosen Existenz und den übergeordneten Erkenntnissen getrennt. Mir fiel auf, dass die Innenseite der Kugel stark verspiegelt wirkte, etwa so wie verspiegelte Glasscheiben. Man konnte zwar von außen ungehindert in die Kugel blicken, aber von innen nicht hinaus. Innerhalb dieser sich selbst spiegelnden Welt war es mir unmöglich wahrzunehmen, dass sich etwas viel Größeres, unendlich Schöpferisches um mich herum befand. Ich fühlte mich isoliert und auch zunehmend getrennt von meinem Lehrer.

Wann immer ich mich suchend nach ihm umsah, blickte ich nur in mein eigenes Spiegelbild. Plötzlich verstand ich den Sinn dieses verspiegelten Kokons: All das, was wir unser *»menschliches Ego«* nennen, spielt sich innerhalb dieser Hülle ab. Seine Aufgabe ist es in erster Linie, unser unendliches Bewusstsein zu »filtern«, damit wir uns rein über unseren Körper, unsere Gefühle und Gedanken erfahren können. Dieser Prozess gleicht einer radikalen Amnesie. Die gläserne Begrenzung spaltet unser Bewusstsein immer stärker von den hohen, seelischen Bereichen ab, wodurch die Illusion einer Trennung erzeugt wird. Nur so wird es uns möglich, Gefühle zu erleben und einen denkenden Verstand zu entwickeln. Je mehr wir unser Bewusstsein auf unseren Körper und unser kleines Ich richten, desto mehr verlieren wir die Erinnerung an unsere schöpferische Heimat. Wir vergessen, dass wir viel mehr sind als das, was wir hier wahrnehmen. Wir vergessen, woher wir kommen, wohin wir wieder zurückkehren und dass all das eine Illusion ist, in die wir uns bewusst hineinbegeben haben. Wir sind zu einem Schlafwandler unter anderen Schlafwandlern geworden.

Die innen verspiegelte Hülle zieht unsere gesamte Aufmerksamkeit nach innen, auf unseren Körper und unsere Bedürfnisse. Durch sie fühlen wir uns zwar getrennt und glauben, wir seien allein, doch auf der anderen Seite gibt sie uns auch ein Gefühl der Sicherheit und Orientierung in dieser so neuen Welt.

Was ist Wirklichkeit?

Wir alle befinden uns mit unserem Bewusstsein überwiegend innerhalb unseres eigenen Kokons, den wir für unsere Wirklichkeit halten. Doch im Laufe unseres Lebens haben wir begonnen, diese Wirklichkeit zu hinterfragen. Auch du möchtest hinter diesen Spiegel blicken, sonst würdest du dieses Buch jetzt nicht lesen. Vielleicht hast du zu Gott gebetet, mit den Engeln Kontakt gesucht oder nach einer höheren Weisheit gestrebt, von der du wusstest, dass sie in dir wohnt. Ganz gleichgültig, welchen Weg du mit deinem Bewusstsein bisher auch gegangen bist, alles spielte sich innerhalb deiner Kugel ab. Je mehr du dir deines *Wahren Ichs* bewusst wirst, und je mehr Erfahrungen der Verbundenheit du auf deinem Weg machst, desto mehr dehnt sich deine Kugel aus. Deine alte und bisher begrenzte Welt erweitert sich. Grenzen, die noch vor kurzer Zeit unüberwindbar schienen, gibt es plötzlich nicht mehr. Ängste oder Zweifel, die dich eben noch von einem weiteren Schritt zu dir selbst abhielten, lösen sich plötzlich in Luft auf. Kennst du das?

Jede Illusion, die du durchschaust, sei es eine Angst oder eine alte Überzeugung, lässt die Kugel größer werden und den Spiegel allmählich verblassen. Je mehr wir unser *Wahres Ich* erkennen und uns von ihm führen lassen, umso mehr dehnt sich auch unsere Kugel und mit ihr auch unser Bewusstsein aus. Je mehr wir die Welt durch die Augen unserer Seele wahrnehmen, desto mehr Wunder werden sichtbar.

Wer so wie ich früher seine Aufmerksamkeit stark nach außen richtet, empfindet das Innenleben seiner Kugel überwiegend als begrenzend. Wahrscheinlich wird der Kokon dadurch immer dichter, enger oder dunkler, genau wie meiner, und die Sehnsucht, diese Begrenzung zu sprengen, wird immer größer.

Der Spiegel an der Innenseite des Kokons hindert fast alle von uns daran, unser *Wahres Ich* zu erkennen, zu fühlen und mit ihm zu verschmelzen. Wir sehen nicht, dass alles, wonach wir uns sehnen, in Wirklichkeit nur einen Atemzug von uns entfernt ist. Wir betrachten die Welt durch die Augen unseres *kleinen Ichs* und fühlen uns daher machtlos. Wir haben keine Ahnung davon, dass es darum geht, diesen Spiegel als Spiegel zu durchschauen, um in die Bereiche dahinter blicken zu können – und genau das ist mir während meiner Nahtoderfahrung passiert. Der innere Spiegel, der mir immer nur meine eigenen tief sitzenden Gefühle und Gedanken zeigte, löste sich mit einem Mal auf. Ich stieg nicht nur aus meinem Körper, sondern auch aus meinem Kokon aus und konnte in alles eintauchen, was außerhalb von ihm existiert.

Durch die Erfahrung des Todes, die ich während des Feuers durchlebte, verließ ich die Kugel vollständig, als ich aus meinem Körper trat. Genau wie der Schmetterling, der aus seinem engen Kokon schlüpft, um leben zu können. Nur aus diesem Grund war es mir möglich, mich mithilfe meines Lehrers bis ins Unendliche auszudehnen und mein *Wahres Ich* so umfassend zu erkennen. Allerdings fehlen mir die Worte, um dir meine Erfahrung von Bedingungslosigkeit, von Verbundenheit und besonders von dem unbeschreiblichen Sinn hinter allem, was existiert, zu beschreiben. Alles, was ich in diesen neun Tagen erlebte, ist wie die Bewusstseinserweiterung eines Menschen im Zeitraffer, der sich selbst als Teil der Schöpfung erfahren wollte.

»Wenn das Unsichtbare sichtbar wird, kann man nie wieder in die Unwissenheit zurückfallen«, dieser Satz meines Lehrers klang wie der endlose Hall eines Echos in mir nach.

Er hatte so recht! Die Art und Weise, wie ich mich selbst und meine Welt früher erfahren hatte, wirkt heute auf mich, als sei ich blind und taub durchs Leben gelaufen. Als hätte ich nur einen Bruchteil von dem wahrgenommen, was mich wirklich ausmachte, und als hätte ich die wundervolle Welt um mich herum durch unzählige Filter gesehen.

Wie ein Buch mit leeren Seiten

Die radikale Wandlung, die ich durch meine Nahtoderfahrung erlebt hatte, fühlte sich allerdings auch wie ein Sprung ins kalte Wasser an und war alles andere als leicht! Diese beiden Welten konnten nicht unterschiedlicher sein. Auf der einen Seite war ich noch niemals so glücklich und erfüllt gewesen und wusste mich verbunden mit allem. Der Spiegel innerhalb meiner Kugel war verschwunden, da ich jegliche Illusion, die er mir einst vorgaukelte, durchbrochen hatte. Alles, was er vor meinem Bewusstsein verborgen hatte, wurde mit einem Mal sichtbar – und blieb es auch. Es gab danach auch kaum noch eine Begrenzung für mich, denn ich hatte die Möglichkeit behalten, mein Bewusstsein ganz nach Belieben in all die Bereiche auszudehnen, die ich erfahren hatte – und das war wirklich irre! Ich wusste, was die Menschen um mich herum dachten, wusste, was sie fühlten oder wo und warum ihr Körper krank war. Wenn ich einen Baum betrachtete, mir Kleidung aussuchte oder vor meinem Teller saß, sah ich die energetische Schwingung der Materie. In allem. Egal, was ich mir ansah, es verwandelte sich direkt vor meinen Augen, sobald ich meinen Blick leicht veränderte. Genauso konnte ich mich auch auf mich selbst und meinen Körper fokussieren, ganz wie ich es wollte. Diese Erfahrung warf alles, was ich bisher für »wahr« oder »real« gehalten hatte, konsequent über Bord. Wäre ich in dieser

Zeit ein Einsiedler gewesen, hätte ich die nächsten Jahre nur noch staunend die Welt um mich herum bewundern wollen. Doch ich war kein Einsiedler. Ich hatte Familie und Freunde, einen Job und das, was man Arbeitsalltag nennt – und genau darin lag auch die größte Schwierigkeit für mich. Ich hatte nicht den Mut, mit irgendjemandem darüber zu reden, was hier mit mir geschah – ich hätte auch nicht die passenden Worte gefunden. Natürlich gab es einige sehr vorsichtige Versuche, meiner Familie oder Freunden von meiner veränderten Wahrnehmung zu erzählen, doch der irritierte Blick, mit dem sie mich ansahen, ließ mich schnell verstummen. Mir machte das alles große Angst und verwirrte mich sehr.

Wenn das Unsichtbare mit einem Schlag sichtbar oder, besser gesagt, erfahrbar wird, passt plötzlich alles, was vorher richtig war, nicht mehr. Sobald du ein einziges Mal die Zaubertricks eines noch so genialen Zauberkünstlers durchschaut hast, löst seine Vorstellung keine Wirkung mehr bei dir aus. Du kannst nicht mehr staunen, denn du hast einen Blick hinter die Kulissen seiner Kunst geworfen. Für mich fühlte sich das in etwa so an: Ich war in meinem Leben von Menschen umgeben, die – so wie ich vor meinem Unfall auch – die materielle Welt als einzig »wirkliche« Realität ansahen. Menschen, die nicht hören wollten, welche Illusionen hier gerade auf so kunstvolle Weise vorgeführt wurden, und die weiterhin eine große Freude an der Zaubershow namens »Realität« hatten. Das beschreibt meine ganz persönliche Zwickmühle ziemlich gut. Für mich gab es diese feste, materielle Welt zwar immer noch, wenn ich zum Beispiel einen Tisch berührte. Doch *zusätzlich* sah ich seine Elementarteilchen tanzen und hatte den Eindruck, ich könnte jederzeit hindurchgreifen.

Auch der Tod löste statt Angst viel eher mitfühlende Freude in mir aus. Herausforderungen, die uns im Leben begegnen, sah ich als wunderbare Möglichkeit, den eigenen Kokon zu erweitern, und Ängste waren für mich lediglich alte, magische Zaubertricks des Kokons. Egal, welche Tragödien sich auch in der Welt oder in meinem persönlichen Umfeld ereigneten, ich hatte keine Möglichkeit mehr, sie zu bewerten. Der Blick aus einem erhöhten Bewusstsein heraus ist nur Liebe und erkennt den schöpferischen Prozess der Erfahrungen in allem, was geschieht. Diese Wahrnehmung wertet nicht in »gut« oder »schlecht«, in »schlimm« oder »schön«. In allem, was geschah, und mochte es noch so tragisch wirken, erkannte ich den übergeordneten Sinn und seine Möglichkeiten.

Da sich auch mein Zeitgefühl so radikal verändert hatte, war es mir kaum noch möglich, Gedanken in die Zukunft zu projizieren oder in der Vergangenheit herumzuwühlen. Ich war einfach nur im Hier und Jetzt und nahm den Augenblick mit all seinen Qualitäten in einer schier grenzenlosen Dankbarkeit wahr. Da die Menschen in meinem Umfeld allerdings nichts von alldem wussten, wirkte ich mit Sicherheit recht seltsam auf sie. Sie nahmen meine Veränderung natürlich wahr, doch dadurch, dass ich nicht darüber sprach, schoben sie es auf mein »traumatisches Erlebnis«.

Das alles war der Grund, warum ich mich wie ein Buch mit leeren Seiten fühlte. Die Begrenzungen, die mir in meinem alten Leben bzw. meinem »kleinen Ich« so real erschienen waren, hatten sich komplett gelöst und waren mit allem verschmolzen, was sie umgab. Die Herausforderung bestand nun darin, mit einem unbegrenzten Bewusstsein in einer begrenzten Welt zu leben und mich in ihr zurechtzufinden.

»Was soll ich denn jetzt nur machen?«, wandte ich mich Hilfe suchend an meinen Lehrer. »Kannst du mir nicht bitte einfach einmal sagen, wie ich mit meiner Familie oder mit Freunden umgehen soll, damit ich mich wieder dazugehörig fühle?

Ich kann mich kaum noch an ihren Gesprächen beteiligen, denn ich habe eine völlig andere Sichtweise bekommen und ziehe mich immer mehr zurück. Wie kann das denn nur weitergehen?« Ich war wirklich ratlos! Meine Ernährung oder Kleidung umzustellen war leicht. Auch das Haus zu entrümpeln brachte Freude, doch nun war ich an einem Punkt angekommen, an dem ich wirklich nicht mehr weiterwusste. Ich wollte mein Leben neu gestalten und all die Erfüllung, die ich in mir fühlte, auch ganz bewusst leben, doch ich wusste nicht, wie.

»Lebe die Quelle in dir!«, war seine knappe Aufklärung. »Gib deinen Widerstand auf und lass dich führen. Dann wirst du den Weg erkennen.«

Diese Antwort war nicht ganz so befriedigend, wie ich gehofft hatte, denn ich wurde nicht wirklich schlau daraus. Doch mehr war von ihm nicht in Erfahrung zu bringen, und so hoffte ich, dass sich der Weg von alleine zeigen würde.

Erfüllung leben

Aus den Monaten wurde ein Jahr, in dem ich mich immer mehr in der alten und auch neuen Welt einfinden konnte. Mein Gesicht und meine verbrannten Ohren heilten auf wundersame Weise ganz von selbst, und nachdem auch meine Haare wieder gewachsen waren, erkannte ich mich im Spiegel wieder. Heute sehen mich die meisten Menschen sehr überrascht an, wenn sie von meinen starken Verletzungen erfahren, denn nur wenig davon lässt sich erahnen. Eine kleine Narbe über meiner Oberlippe und ein leichter Farbunterschied an meinen Händen sind die einzigen Erinnerungen an die starken Verbrennungen. Mein Körper brauchte keine plastischen Operationen, geschweige denn eine Gesichtsmaske aus Kompressionsmaterial oder andere Mittel, um meine Haut zu erneuern. Nur meine Augen sind seither ganz anders als vorher. Waren sie früher eher dumpf, beginnen sie jetzt, auf eine ganz besondere Weise zu strahlen, sobald ich von all den Wundern in uns zu sprechen beginne. Als wären sie ein Tor in das helle Licht dieser Welten, so kommt es mir selbst auf jeden Fall manchmal vor.

Vieles hatte sich mit der Zeit ganz von selbst verändert, als ich lernte, auf meinen Körper zu hören und dem Gefühl der Leichtigkeit in mir zu folgen. Sobald ich aufhörte, etwas kontrollieren zu wollen, ergaben sich Lösungen oder auch Richtungsänderungen wie von Zauberhand. Früher hätte es unfassbare Ängste ausgelöst, meine Ehe zu beenden oder einen Job zu kündigen, weil das mein Sicherheitsbedürfnis enorm bedrohte. Ich hätte es auch niemals gewagt, mich unkontrolliert auf das Leben mit all seinen Herausforderungen einzulassen, weil ich schreckliche Angst vor allem Unbekannten hatte.

Doch ich wusste, dass ich nur in diesen Körper zurückgekehrt war, um das schöpferische Wesen zum Ausdruck zu bringen, welches ich in Wahrheit bin. Ich hatte erkannt, dass jeglicher Widerstand, jegliche Angst oder Enge meinem *Wahren Ich* unbekannt sind, da sich diese Bereiche von mir in einem permanenten Zustand der Bedingungslosigkeit befinden. Und genau das wollte ich leben lernen! Ich wollte nie wieder lieblos zu mir sein, nie wieder meine Zeit mit etwas verbringen, das sich nicht gut für mich anfühlte, und auch nie wieder gegen meine wahre Natur leben. Allerdings wusste ich noch nicht, wie sich das am besten umsetzen ließ.

Viel zu lange hatte ich meine Außenwelt als Maßstab angesehen und versucht, mich an sie anzupassen. Meine Aufmerksamkeit war nur auf meine Umwelt gerichtet gewesen, und diese empfand ich meist als hart und bedrohlich. Ich hatte mich mit Menschen verglichen, die ich bewunderte, hatte versucht, den Erwartungen der Gesellschaft gerecht zu werden, und hatte zugelassen, dass sie mir ihre Grenzen aufzeigten. Ich hatte die Welt um mich herum aus den Augen meines kleinen, unbewussten Ichs betrachtet. Wenn man sein Leben auf diese Weise lebt, kostet es unsagbar viel Kraft, da man sich ständig den äußeren Umständen anzupassen versucht. Man bewertet alles, was man tut oder nicht tut, und wird sein eigener schlimmster Richter. Das ist, als befände man sich in einem Ruderboot auf dem Fluss des Lebens und versuchte verzweifelt, die Strömung zu kontrollieren, um ja nirgendwo anzuecken. Wenn man immer nur auf die unzähligen Einflüsse der Umwelt reagiert, statt in sich selbst zu ruhen, fühlt man sich bald maßlos überfordert.

Bei den meisten Menschen, die mir in dieser Zeit begegneten, erkannte ich einen ganz ähnlichen Umgang mit sich selbst. Sie hetzten durch ihr Leben, folgten den Erwartungen der Gesellschaft oder setzten sich selbst enorm unter Druck. Sie machten sich unfassbar viele Sorgen und beschäftigten sich leider viel zu oft mit Dingen, die ihnen keine Freude bereiteten, von denen sie aber dachten, dass sie sie tun müssten. Doch das Schlimmste war, wie gnadenlos sie mit sich selbst oder ihrer Umwelt ins Gericht gingen. Die Bedingungslosigkeit, aus der wir alle stammen, und die Essenz der Quelle, zu der wir Zugang haben, scheint den meisten Menschen ein gänzlich unbekannter Zustand zu sein.

Sobald du allerdings dein *Wahres Ich* in dir erkennst, beginnst du damit, dein Leben aus einer vollkommen neuen Perspektive zu betrachten. Du ziehst deine Aufmerksamkeit ganz automatisch von der Außenwelt ab und fängst damit an, sie liebevoll auf dich zu richten. Du fragst dich nicht mehr, was die anderen wollen, sondern beschäftigst dich mit Dingen, die dir guttun und die sich leicht anfühlen. Sobald du dich selbst wertschätzend betrachtest, werden all die Wunder, die in dir wohnen, für dich immer greifbarer. Sobald du begreifst, dass es in deinem Leben nur darum geht, für dich selbst Entscheidungen zu treffen, und begreifst, dass du dein Leben nur *für dich* lebst, verwandelt sich alles. Genau das habe ich getan. Ausnahmslos hinterfragte ich in dieser Zeit alles, was in meinem Leben bisher so viel Raum eingenommen hatte, und achtete auf meine Bedürfnisse. Wollte ich das wirklich noch? Fühlte sich das leicht an, oder reagierte mein Körper mit Schwere und Druck? Was versetzte mich in Begeisterung, und was kostete Anstrengung? Alles kam auf den Prüfstand: meine Ehe, Freundschaften oder mein Verhalten in den verschiedensten Situationen. Ich hinterfragte radikal fast alles, bei dem ich mich nicht wohlfühlte. Die Fragen, die ich mir dabei stellte, waren: Warum verhalte ich mich so? Warum erlaube ich mir, dass ich mich so fühle? Die Antworten, die dabei ganz automatisch in mir aufstiegen, spiegelten meinen alten Lebenskampf mehr als deutlich wider, denn sie lauteten fast immer: weil ich geliebt werden möchte, dazugehören möchte oder Angst habe, machtlos zu sein.

In meiner Nahtoderfahrung hatte ich jedoch erkannt, dass keiner dieser Gedanken und Gefühle der Wahrheit entsprach. All das baute nur auf alten Erfahrungen auf und hatte nichts mit meinem *Wahren Ich* zu tun. Ich hatte außerhalb meines Körpers erfahren, dass ich immer bedingungslos mit allem verbunden bin und alle Gefühle der Trennung, des Mangels oder der Machtlosigkeit nur durch meine eigene begrenzte Vorstellung von mir selbst erzeugt wurden. Ich hatte die Zaubertricks meines Verstandes durchschaut und gelernt, dass ich jederzeit in mein erhöhtes Gewahrsein eintauchen konnte, wenn ich seinen Illusionen nicht mehr folgte.

Früher hätte ich so radikale Schritte nie gewagt, weil ich mir selbst viel zu wenig vertraute. Ich hatte vor allen wichtigen Entscheidungen Angst, weil ich dachte, ich könnte etwas falsch machen. Ich dachte, ich könnte eine falsche Richtung einschlagen, etwas Wertvolles verlieren oder würde bestimmten Situationen ohnmächtig gegenüberstehen. Fast alles in meinem Leben wurde von diesen Unsicherheiten geprägt, und genau diese Ängste hinderten mich auch daran, mein *Wahres Ich* zum Ausdruck zu bringen. Als ich aber begriff, dass es im Leben einzig und allein darum geht, sein schöpferisches Wesen in sich zu erkennen und ihm zu folgen, wurde es leichter.

Zusätzlich war mir etwas ganz Entscheidendes klar geworden, und das war wohl die hilfreichste Erkenntnis in dieser Phase. Ich hatte in meiner Nahtoderfahrung erkannt, dass

Schwere, Druck, Angst und Widerstand nur in unserem menschlichen Bewusstsein existieren und uns sehr genau signalisieren, wann wir etwas leben, das unserem *Wahren Ich* nicht entspricht. Sobald wir uns selbst verurteilen, auf unsere Angst hören oder im Widerstand gegen irgendetwas sind, erkennen wir daran *sehr genau*, dass wir die Verbindung zur Quelle in uns verloren haben. In solchen Situationen haben alte Gewohnheitsmuster oder die Ablenkungsstrategien unseres Verstandes gesiegt und wir vergessen, dass wir jederzeit die Wahl haben, ob wir ihnen weiterhin folgen wollen oder nicht.

Da ich erkannt hatte, dass ich in jedem Moment die Möglichkeit habe, mein Leben komplett neu zu gestalten, und dass es nur an mir liegt, auf welche Weise ich mich selbst und meine Umwelt erfahre, konnte ich gegensteuern.

Entscheidungen

Nach ersten Anlaufschwierigkeiten machte es mir sogar richtig Spaß, meine Widerstände zu entlarven und sie mit einer neuen Entscheidung zu überschreiben. Ich wusste ja, dass ich nichts falsch machen kann, solange ich auf die Leichtigkeit in mir höre, und das gab mir Mut. In den Feldern der unendlichen Möglichkeiten hatte ich gelernt, dass ich mit meiner Aufmerksamkeit alles ändern kann, was ich mir früher unbewusst erschaffen hatte, und jetzt ging es darum, genau das umzusetzen.

Sobald ich irgendetwas als schwer empfand oder Gefühle wie Druck oder Angst verspürte, wusste ich, dass ich gerade im Begriff war, mich wieder in einer alten Gewohnheit zu verlieren. In fast jeder dieser Situationen reichte es aus, mir selbst diese eine Frage zu stellen: Möchte ich dieses Gefühl wirklich weiterhin in meinem Leben behalten?

Da als Antwort darauf meistens ein spontanes Nein kam, brauchte ich mich nur zu fragen: Wie möchte ich mich denn stattdessen fühlen?, und mich dann für das Ergebnis entscheiden. Das Magische daran war, dass sich alles Weitere fast automatisch und wie von selbst zu regeln schien und es für mich ausreichte, die Veränderungen zu beobachten. Ganz besonders deutlich merkte ich das an meiner Ehe. Mein Mann und ich waren seit 16 Jahren verheiratet, doch alles, was uns wirklich verband, war unser gemeinsamer Sohn Manuel und die Bewältigung des Alltages. Das reichte mir bei Weitem nicht mehr. Wir hatten uns auseinandergelebt und unsere Ehe glich mittlerweile einer liebevollen Zweckgemeinschaft. Wir hatten schon lange keine gemeinsamen Interessen oder Gesprächsthemen mehr, und nach meinem Unfall entfernte ich mich von meinem Mann immer mehr. Als mir das bewusst wurde, sprachen wir darüber, und es wurde uns beiden schnell klar, dass wir unsere gegenseitige Aufgabe erfüllt hatten. Die Trennung war, besonders für mich, ein ganz selbstverständlicher nächster Schritt auf dem Weg zu mir selbst.

In den ersten Monaten geschah aber noch etwas ganz anderes mit mir, was leider nicht so bewusst, sondern eher sehr subtil ablief. Da alles Alte in meinem Leben seinen Wert verloren hatte, suchte ich nach einer neuen Richtung in meinem Leben und sehnte mich nach Orientierung. Ich sehnte mich nach einer beruflichen Neuausrichtung, die mich erfüllte und in der ich meinem neuen Leben einen Sinn geben würde. Mein Lehrer war mir dabei keine große Hilfe, denn er gab mir auf meine Frage, wie es denn nun mit mir weitergehen könnte, keine Antwort. Da ich aber unbedingt mein Leben ganz neu und wertvoller gestalten wollte, begann ich damit, unzählige Bücher zu lesen, besuchte Seminare und hörte mir Vorträge an. Ich hoffte, durch die Erfahrungen anderer Menschen einen Weg gezeigt zu bekommen, den ich selbst auch einschlagen könnte, doch der Schuss ging gewaltig nach hinten los.

Wenn man darüber nachdenkt, was man denn wirklich in seinem Leben möchte, beginnt der Kopf zu rattern. Der Denker in uns wird aktiv und versucht, uns passende Antworten zu präsentieren, doch genau damit stößt er bald an seine Grenzen. Da seine Sicht auf die Vergangenheit gerichtet ist, kann er leider nicht auf all die grenzenlosen Qualitäten zugreifen, die in unserem *Wahren Ich* vorhanden sind. Der Denker hat alle Erfahrungen unseres Lebens sorgfältig in Schubladen einsortiert, wägt Pro und Contra ab und wertet sie zur Lösung unserer Probleme aus. Weil ich mich früher fast nie mit meinen Wünschen und Möglichkeiten beschäftigt hatte, konnte mir mein Denker jetzt auch keine passende Lösung präsentieren. Er besaß kaum Schubladen, auf die er zugreifen konnte, und genau darin lag meine größte Herausforderung.

Deine Aufzeichnungen werden gelöscht

Je mehr ich im Außen eine Lösung suchte, desto öfter bekam ich Kopfschmerzen, mein Herz begann, unruhig zu rasen, und mir wurde flau im Magen. Diese Suche zog sich über Monate hin und wurde immer schwieriger. Je mehr Bücher ich las, desto mehr Möglichkeiten präsentierte mir zwar mein Denker, doch irgendwie fühlte sich jede von ihnen falsch an. Immer hatte ich das untrügliche Gefühl, nicht auf dem richtigen Weg zu sein. Kennst du das auch?

Den Wandel läutete ein intensiver Traum ein, aus dem ich eines Morgens sehr verwirrt aufwachte. Ich sah mich allein auf einer dunklen Ebene, auf der weit und breit nichts war außer einem riesigen Lagerfeuer. Es brannte lichterloh, und je näher ich ihm kam, desto deutlicher konnte ich erkennen, warum es so kraftvoll loderte: Unzählige Bücher brannten wie auf einem Scheiterhaufen, und ständig schienen wie von Geisterhand neue hinzuzukommen. Nachdem sich mein erstes Erstaunen gelegt hatte und die Frage aufkam, was das wohl für Bücher waren, flog mir eines fast vor die Füße. Es war das Buch, mit dem ich mich gerade beschäftigte. Ein weiteres schien ein Tagebuch aus meiner Kindheit zu sein, das sich vor meinen Augen in seine Bestandteile auflöste. Eine riesengroße Bibliothek mit endlos langen Regalen und unzähligen Büchern tauchte auf: alte Bücher, neue Bücher, große und kleine Bücher, und zu jedem einzelnen hatte ich einen Bezug. Jedes wirkte wichtig, jedes war sehr persönlich. Mit Entsetzen beobachtete ich, wie sie alle nach und nach aus den Regalen ins Feuer purzelten, wo sie in Flammen aufgingen. Jeglicher Versuch, ihre Vernichtung zu verhindern, war zum Scheitern verurteilt, denn das Feuer war stärker als ich. »Was, um Gottes willen, soll das? Was geschieht hier?«, schrie ich im Traum die Flammen an und bekam zur Antwort: »Deine Aufzeichnungen werden unwiderruflich gelöscht.« Erschöpft erwachte ich aus diesem Albtraum und brauchte richtig lange, um mich einigermaßen zu beruhigen. Was ich eben gesehen hatte, löste Ängste in mir aus – Angst, mich selbst zu vergessen, wenn die Bücher nicht mehr existieren, Angst, nicht mehr zu wissen, was ich ohne die Aufzeichnungen tun sollte, ja sogar eine Angst, dass ich mich selbst auflöse, wenn mir all diese Bücher nicht mehr zur Verfügung stehen. Mit einer großen Tasse Kaffee setzte ich mich im Bademantel auf die Terrasse und ließ den Traum nachwirken. Was war das denn jetzt bitte? Was bedeutete »meine Aufzeichnungen werden gelöscht«? Ich hatte gelernt, dass es fast immer ausreichte, wenn ich mir eine Frage stellte und dann ganz gelassen auf die Antwort in mir wartete. Der Kaffeeduft stieg mir in die Nase, während ich diesen intensiven Traum Revue passieren ließ. All diese herrlichen Bücher, meine Aufzeichnungen ... waren das meine Erinnerungen, gespeicherte Erfahrungen vielleicht? Meine Gedanken?

Die Erklärungen überraschten mich fast ebenso wie der Traum selbst, denn sie waren mit einem Mal mehr als greifbar. Plötzlich ergab alles, was ich in den letzten Monaten erlebt hatte, einen Sinn! Meine körperlichen Reaktionen ebenso wie meine verzweifelte Suche nach einem Weg.

Die Quintessenz lautete: Ich war auf dem besten Wege, meine Verbindung mit der Quelle in mir zu verlieren und wieder ein Schlafwandler zu werden, jedoch ohne es zu merken. Ich hatte nicht auf meinen Körper und meine Seele gehört und stattdessen bei meinem Lehrer oder anderen Menschen nach einer »To-do-Liste« gesucht. Ich hatte meine Macht abgegeben und wollte anderen Menschen auf ihrem Weg folgen, statt meinen eigenen zu entdecken. Ich hatte angefangen zu denken und dadurch die Magie des Augenblickes verlassen!

»Lebe die QUELLE in dir. Gib jeglichen Widerstand auf, und lass dich führen«, hatte mir mein Lehrer als wegweisende Antwort gegeben, doch genau das hatte ich nicht getan! Ich hatte verzweifelt versucht, mit meinem Denker eine Lösung zu finden, doch das ist unmöglich, wenn ich die Quelle in mir leben möchte!

Mit einem Mal verstand ich, warum mein Körper so oft Migräne produzierte. Er wollte, dass ich aufhörte, zu denken und zu grübeln. Er wollte, dass ich stattdessen auf mein Gefühl der Leichtigkeit vertraute und mich von der Freude leiten ließ, statt meine Zukunft zu planen. Da mir mein Lehrer keine klare Reiseroute in die Hand gedrückt hatte, an der ich mich orientieren konnte, suchte ich sie im Außen. Statt mich auf mich selbst und meine innere Weisheit zu verlassen, versuchte ich, wie ein Schaf einem Leittier zu folgen. Das musste ja schiefgehen! Die Bücher aus meinem Traum standen für alle meine Erinnerungen, Erfahrungen, Überzeugungen und Lösungen, die ich jemals in meinem bisherigen Leben gesammelt hatte. Was ihre »Löschung« zu bedeuten hatte, konnte ich ziemlich schnell herausfinden, denn das war unübersehbar.

Schon wenige Tage nach diesem Traum bemerkte ich nämlich, dass ich immer weniger Zugriff auf Dinge hatte, die in der Vergangenheit lagen. Als hätte mein Erinnerungsspeicher ein Leck, wusste ich im Supermarkt nicht mehr, warum ich hergekommen war, oder ich verfuhr mich ständig, wenn ich irgendwohin wollte. Mein Denker schien in Dauerurlaub gegangen zu sein, und ich googelte die Symptome von »Amnesie«.

Was in dieser Nacht genau mit mir geschah, weiß ich nicht, aber seither schien mein Verstand eine ganz neue Funktion bekommen zu haben. Ich kann mir seither fast nichts mehr merken, was mit Fakten, Zahlen oder Zeiten zu tun hat, denn das scheint ihm nicht mehr wichtig zu sein. Auch kann ich mich nur noch mit Mühe an Ereignisse in der Vergangenheit erinnern, mögen sie auch noch so einschneidend gewesen sein. Stattdessen scheint mein Verstand auf eine ganz andere Weise ständig auf »Empfang« geschaltet zu sein. Er übersetzt die Schwingungen, die ich wahrnehme, in greifbarere Informationen, und schützt mich vor einer mentalen Überreizung. Ich kann ihn nutzen, wenn ich die Lösung für ein Problem suche, doch die meiste Zeit arbeitet er still im Hintergrund. Das fühlt sich herrlich leicht an.

Diese Lektion hatte ganz schön Eindruck bei mir hinterlassen und auch einiges bewirkt. Ich packte alle Bücher weg, hörte mir keine Vorträge mehr an und machte mir über meine Zukunft keine Gedanken mehr. Dabei erhielt ich die wichtigste Erkenntnis überhaupt: Es gibt nichts, was ich tun muss, um mich selbst zum Ausdruck zu bringen, genau das Gegenteil ist der Fall!

Sobald ich alles loslasse,
was ich glaube, tun zu müssen, um mich zu finden,
erreicht mich das, was ich bin, von selbst.

Nun verstand ich auch das Schweigen meines Lehrers. Er hatte mir die Möglichkeit gegeben, eine überaus wichtige Wahl zu treffen. Eine Entscheidung für mich selbst, indem ich lernte, mein Leben nicht mehr steuern zu wollen. Ich verstand, dass ich unmöglich wissen kann, welche Wunder mir das Leben in die Hände legen möchte, und gab auf. Ich gab es auf, etwas »im Voraus planen zu wollen«, etwas »wissen zu müssen« oder »steuern zu wollen«, und gab mich wieder dem Augenblick hin.

Die gläserne Kugel

Unser kluger Intellekt ist die gläserne Kugel, die sich um uns herum gebildet hat, und er sorgt sehr geschickt dafür, dass wir uns mit unserem Bewusstsein innerhalb seiner Grenzen bewegen. Viele Menschen sprechen dabei vom »Ego«, und vielleicht ist dir diese Bezeichnung geläufiger. Aus meiner Sicht ist es der Denker in uns bzw. unsere begrenzenden Vorstellungen von uns selbst, die uns von der Verbindung mit unserem *Wahren Ich* abhalten.

Früher dachte ich immer, es sei für mich unmöglich, ein glückliches und erfülltes Leben zu führen, da ich einfach nicht wusste, wie ich das anstellen sollte. Ich sah meine grenzenlosen Möglichkeiten nicht, sondern befand mich viel eher am Ende einer engen, dunklen Sackgasse, in die ich mich verlaufen hatte. Mit großer Bewunderung blickte ich damals zu anderen Menschen auf, die dieses große Ziel bereits erreicht hatten, doch für mich selbst schien es unerreichbar.

Nach diesen grandiosen neun Tagen, in denen ich all die Erkenntnisse erhielt, nach denen ich mein ganzes Leben gesucht hatte, stand mir noch eine große Herausforderung bevor. Ich musste nämlich herausfinden, wie sich all das auch innerhalb einer begrenzten Welt umsetzen ließ. Als ich mich wieder in meinem Körper und seiner materiellen Welt befand, war es gerade am Anfang ziemlich schwer für mich, denn für mich existierten zwei Realitäten gleichzeitig, die völlig unterschiedlich waren. Eine innerhalb der Dualität, innerhalb meines Verstandes, und eine, die weit über ihn hinausreichte. Der Unterschied ist erstaunlich klar, wenn man ihn einmal begriffen hat, und genau dieses Verstehen ist auch die goldene Verbindung zwischen beiden Welten.

Der Verstand versucht ständig, etwas zu begreifen, möchte Zusammenhänge einordnen, um uns dann in Aktion zu bringen. Wenn wir uns an ihm orientieren, fragen wir ständig, was wir *tun* könnten, *verändern* müssten und wie wir am besten *handeln sollten*. Dann versuchen wir, das in die Tat umzusetzen, was wir mit seiner Hilfe erkannt haben.

In den seelischen Ebenen hingegen befinden wir uns in einem umfassenden Zustand des *Seins*. Ein Blick aus diesem Zustand heraus gleicht dem einer weisen und gütigen Mutter, die in grenzenloser Liebe und Zuneigung auf ihr Kind blickt. Sie weiß um all seine Potenziale und lässt es bedingungslos liebend seine eigenen Erfahrungen machen, ohne es beeinflussen zu wollen. Wie eine fürsorgliche Beobachterin schickt sie ihrem Kind auf sanfte Weise Impulse, wenn sie bemerkt, dass es sich verläuft.

Neue Wege

Unser *Wahres Ich* spricht über Impulse, Eingebungen und Ideen mit uns, die sich immer aufbauend, bereichernd und positiv anfühlen.

Genau das war für mich in dieser Zeit der erste goldene Schlüssel, den ich brauchte, um beide Welten miteinander für mich in Einklang zu bringen. Wir alle kennen die Leichtigkeit, von der ich hier spreche, sehr gut. Sie zeigt sich uns allen sehr deutlich in den unterschiedlichsten Phasen unseres Lebens. Wenn wir uns zum Beispiel verlieben, erscheint alles um uns herum einfach nur unfassbar leicht. Plötzlich ist ein Regentag herrlich, wir platzen fast vor Glück und könnten die ganze Welt umarmen. Alles scheint uns in diesem Zustand möglich, und unser inneres Jubeln nimmt kein Ende. Dieser selige Glückszustand hält aber meist nur so lange an, bis sich unser Denker einzumischen beginnt und uns die vorsichtige Frage stellt, ob uns der andere auch wirklich genauso liebt wie wir ihn. Ab dem Moment beginnt der Kopf zu rattern und präsentiert uns unsere Ängste. Wenn wir Pech haben, kippt die Stimmung dadurch schlagartig.

Ganz bestimmt kennst du aber auch Momente in deinem Leben, in denen du eine wundervolle Idee hattest oder eine bedeutende Entscheidung für dich getroffen hast, und plötzlich lief alles wie von selbst. Wie von Zauberhand triffst du die richtigen Menschen, findest den perfekten Job, oder das Geld, das du brauchst, ist plötzlich da. Als würde eine höhere Instanz an unsichtbaren Fäden ziehen, fügt sich alles wie von selbst, und du stehst nur noch staunend daneben. Kennst du das? Genau das ist die Führung, die wir von unserem *Wahren Ich* erhalten und die meist eintritt, wenn wir entweder aufgehört haben zu denken oder noch gar nicht damit begonnen haben.

Nach meiner Nahtoderfahrung befand ich mich noch lange in diesem unglaublich seligen und allumfassenden Zustand, aus dem ich gekommen war. Ich hatte kaum ein Gefühl für den Raum um mich herum, und auch Zeit spielte keine Rolle. Alles fühlte sich durch und durch leicht an, und beide Welten schienen sich restlos verbunden zu haben. Ich lernte dann, dem Gefühl der Leichtigkeit zu folgen, indem ich alles aus meinem Leben strich, was sich nicht gut für mich anfühlte. Ich ließ mich auf keine Gespräche mehr ein, die mich Kraft kosteten, löste mich von Menschen, in deren Gegenwart es mir nicht gut ging, und lernte dadurch immer mehr meine wahren Bedürfnisse zu schätzen. Ich sah liebevoll und gütig auf mich selbst und achtete darauf, dass ich mich wohlfühlte. In dieser Zeit mischte sich mein Denker kaum in mein Leben ein, denn ich gab ihm auch kaum Gelegenheit dazu. Das änderte sich erst, als ich mir allmählich Gedanken darüber machte, wie mein neues Leben weitergehen könnte. Da es mir nicht mehr möglich war, es auf meine alte Weise zu gestalten, wollte ich ihm unbedingt einen wirklichen Sinn geben. Immer wenn ich mich selbst fragte, was ich denn am liebsten machen würde, kam nur eine einzige Antwort, die unüberhörbar laut aus mir herausbrach: »Ich möchte den Menschen zeigen, was ich erlebt habe! Ich möchte ihnen bewusst machen, was alles in ihnen steckt! Ich möchte ihnen diese Wunder näherbringen und ihnen erzählen, dass wir alle einer unfassbaren Illusion aufsitzen, aber dass es einen Weg gibt, sie zu durchbrechen!«

Ich fühlte mich, als hätte ich durch Zufall das Gelobte Land entdeckt, und wollte am liebsten sofort damit beginnen, allen Menschen von meinen Erfahrungen zu erzählen. Doch ich wusste nicht wie. Da ich all diese Wunder aber kaum in Worte fassen konnte und mein Lehrer mir auch keine große Hilfe war, fing ich an zu denken. Ich las Bücher von anderen Menschen, die Ähnliches erlebt hatten, und versuchte mit meinem Verstand, eine Lösung für mein Problem zu finden. Ich muss unweigerlich lächeln, während ich diese Zeilen für dich schreibe, denn mein einziges »Problem« war, dass ich einfach nicht wusste, *wie* ich diese innere Begeisterung nach außen bringen sollte. Aus heutiger Sicht war das eine sehr lehrreiche Phase, und ich bin unendlich dankbar, dass mir mein Lehrer die Lösung damals nicht auf einem Silbertablett präsentierte. Denn nur so konnte ich erfahren, wie leicht ich nur durch meine Gedanken die Verbindung zur Quelle verlieren kann. Hätte ich damals schon gewusst, dass ich mir über den Weg nicht den Kopf zu zerbrechen brauche, hätte ich es mir zwar wesentlich leichter machen können, aber ich hätte mich auch wichtiger Erkenntnisse beraubt.

Der Weg zum Wahren Ich

Die 8 goldenen Schlüssel des Lebens

Um ein erfülltes, authentisches Leben zu führen und damit unser *Wahres Ich* zum Ausdruck zu bringen, reicht Erkenntnis leider nicht aus. Zu wissen, dass es Bedingungslosigkeit gibt, und diese wirklich durch sich selbst zu *erfahren* – das sind zwar zwei ganz unterschiedliche Dinge, doch sie gehören zusammen.

In diesem Buch habe ich den bescheidenen Versuch unternommen, dir mit sehr begrenzten Worten von der Unendlichkeit in dir zu erzählen – und doch ist mir bewusst, dass ich sie dir noch nicht einmal im Ansatz vermitteln konnte. Aber ich weiß, dass ein sehr großer Teil von dir jede Schwingung dieser Seiten aufgenommen hat. Er hat ganz genau erfasst, was ich dir anhand meiner eigenen Geschichte beschreiben wollte. Vielleicht hast du das sogar gespürt? Vielleicht konntest du das Buch kaum aus der Hand legen und warst mit mir zusammen auf dieser Reise? Vielleicht hast du sogar gemerkt, dass es etwas in dir bewirkt hat, und spürst es auf deine ganz eigene Weise? Ist dir zum Beispiel bewusst, dass wir beide, du und ich, ganz natürlich miteinander verbunden sind? Ja, du hast richtig gelesen. Wenn das nämlich nicht so wäre, hättest du dieses Buch jetzt nicht in der Hand, und du würdest kaum Resonanz darauf verspüren. Es hätte dich einfach nicht angesprochen, oder du hättest es nach nur wenigen Seiten weggelegt. Doch irgendetwas in dir hat dich zu ihm geführt, oder? Wahrscheinlich war es der Teil von dir, der dir schon lange unbedingt einen Weg in deine eigene, ganz persönliche Wahrheit zeigen möchte. Er ließ dich irgendwann in deinem Leben auf die Suche nach den goldenen Schlüsseln in dir gehen und führt dich seither zielsicher zu den richtigen Informationen, zu Situationen und Menschen, die dir dabei helfen, deinen Weg zu erkennen.

Glaub mir, ich weiß sehr genau, wie sich diese Sehnsucht nach einem erfüllten Leben anfühlt. Sie tut besonders weh, wenn man davon überzeugt ist, dass man dort sowieso nie ankommen wird, egal, was man tut. So erging es nämlich mir. Ich hätte in meinen kühnsten Träumen niemals damit gerechnet, jemals ein Buch zu schreiben, um dir von all den Wundern zu erzählen, die auf deine Entdeckung warten. Ich hätte es niemals für möglich gehalten, dass ich neben meinem Körper stehe oder gar mit meinem Bewusstsein die Schöpfung selbst in mir erkenne. Was ich dir bewusst machen möchte, ist eigentlich ganz einfach: Egal, wo du jetzt gerade in deinem Leben stehst, egal, wie du dich gerade fühlst oder was du über dich denkst, es gibt einen Teil in dir, der sehr liebevoll auf dich blickt. Eine höhere Instanz, die dazu in der Lage ist, dir all die Wunder zu präsentieren, nach denen du dich so sehr sehnst. Dazu musst du nicht sterben! Du musst keinen Unfall, keine Krankheit oder gar eine Nahtoderfahrung durchlaufen, um dich selbst und dein Leben als Wunder zu erfahren. Du brauchst mit dieser höheren Instanz, von der ich hier spreche, auch nicht in Kontakt zu treten oder sie im Außen zu suchen, denn sie ist bereits da. Sie ist gleichermaßen in dir wie auch um dich herum, und sie war es schon immer. Du hattest es nur vergessen!

In der Zeit, die seit diesem unfassbaren Tag im September 2009 vergangen ist, habe ich gelernt, die goldenen Schlüssel, die ich dank meines Lehrers erhielt, auch zu nutzen. Ich brachte sie in mein neues Leben mit und darf seitdem nach Herzenslust ausprobieren, wie man sie einsetzt. Dadurch lernte ich mehr und mehr, mich als das zu erfahren, was mir mein Lehrer in Erinnerung gerufen hatte. Heute weiß ich, dass ich diese goldenen Schlüssel schon immer in mir trug. Auch vorher schon. Ich hatte es nur vergessen. Genau wie du!

Schlüssel 1 – Hingabe und Anerkennung

Mit dem Schlüssel der Hingabe begann meine gesamte Reise, und Hingabe zieht sich seitdem durch jeden meiner Tage.

Hingabe und Anerkennung sind wie zwei Joker. Sie sind auf ihre Art Universalschlüssel, die immer und überall passen. Beide sind in jedem anderen Schlüssel enthalten und je mehr wir lernen, uns dem Leben hinzugeben und es als das anzuerkennen, was es ist, desto mehr Wunder wird es uns zeigen.

Doch was bedeutet Hingabe eigentlich? In dem Moment, als ich dem Feuer um mich herum nicht mehr Herr wurde, gab ich mich ganz bewusst einer höheren Instanz hin. Zum allerersten Mal in meinem Leben entschied ich mich dafür, diesen goldenen Schlüssel zu nutzen. Dadurch wurde dieser entscheidende Augenblick zu einem magischen Moment, den ich niemals vergessen werde: Ich gab meinen verzweifelten Kampf auf und ließ mich auf den Tod und das vollkommen Unbekannte ein, ja ich musste mich einlassen! Ich hatte einfach keine andere Wahl mehr, und wahrscheinlich hätte ich die weiteren Erfahrungen niemals gemacht, wenn ich anders hätte handeln können. Ein Mensch wie ich, der immer versuchte, alles zu kontrollieren, musste wohl auf genau diese Weise zu seinem Glück gezwungen werden. Mein magischer Moment der Hingabe vollzog sich aus einer ganz klaren Entscheidung heraus: »Ich gebe auf! Was auch immer jetzt geschieht, ich gebe mich in deine Hände. Wer auch immer du bist, mach mit mir, was du willst!«

Hingabe bedeutet am Anfang nichts anderes, als einen inneren Kampf zu beenden und die Waffen niederzulegen. Damit aufzuhören, gegen Mauern anzurennen oder die Geschehnisse im Außen verändern zu wollen, die sich nicht ändern lassen. Hingabe ist der goldene Schlüssel in allen Situationen, in denen wir verzweifelt versuchen, etwas zu ändern, ob im Job, innerhalb der Familie oder an unserem Leben. Alle inneren Kämpfe entziehen uns Kraft, sind anstrengend und meist sogar ziemlich aussichtslos, denn wir kämpfen in Wahrheit immer nur gegen uns selbst.

In jedem Augenblick unseres Lebens haben wir allerdings die Wahl, alles *in uns* zu verändern. Wir können unser Leben weiterhin anstrengend gestalten, indem wir uns gegen unsichtbare Wände stemmen, oder wir lassen uns einfach vom Fluss des Lebens tragen und geben uns ihm hin. Denn das Leben ist nur ein kreativer Spiegel unserer eigenen Sicht und arbeitet niemals gegen uns.

In den Momenten, in denen ich mich nicht hingeben kann, kämpfe ich gegen mich selbst. Dann höre ich auf die Stimmen meines Verstandes oder der Angst in mir und erstarre in meinem Kokon. Sobald ich dieses perfide Spiel meines Egos aber durchschaue, gebe ich mich hin. Ich höre damit auf, wie Don Quichotte gegen meine eigenen Windmühlen anzukämpfen, und bitte mein *Wahres Ich* um eine Lösung. Und glaub mir, die Lösung kommt bestimmt!

Hingabe ist die schwierigste Sache der Welt, solange man sich hingeben »will«. Strebst du Hingabe an, wird dein Verstand unendlich viele Gründe finden, die die wahre Hingabe verhindern. Doch wenn du Hingabe einfach geschehen lässt, wenn du dir erlaubst, dich hinzugeben, ist das der leichteste Weg überhaupt. Wirkliche Hingabe ist pure Anerkennung von *allem*. Anerkennung deiner selbst, deines Lebens und seiner Umstände. Hingabe ist ein Prozess der Selbsterkenntnis. Durch Hingabe lernst du, dich und dein Leben in jedem Moment so anzunehmen, wie du bist.

Bitte vergiss niemals: Du musst nicht kämpfen! Sobald du dich hingibst, bist du FREI!

Schlüssel 2 – Dankbarkeit

Dankbarkeit ist einer der wichtigsten Schlüssel zu einem erfüllten Leben, denn Dankbarkeit ist eine Liebeserklärung!

Die Dankbarkeit, von der ich hier spreche, ist kein Gefühl im herkömmlichen Sinne, sondern ein Zustand, der aus einer Erkenntnis heraus entsteht, welche Qualitäten man in seinem Leben bereits erfahren kann.

Jeder von uns trägt unendlich viel in sich, was ihn erfüllt, wenn er es nicht viel zu oft als »selbstverständlich« oder »nicht der Rede wert« abtäte.

Die meisten von uns halten ihr eigenes Verhalten für normal und nicht beachtenswert. Leistungen, Erfolge, innere Werte oder wunderbare Charaktereigenschaften werden lapidar mit einem »Ach, das ist ja nichts Besonderes« abgetan. Ich selbst war darin Meister! Mein Lieblingsspruch war immer: »Nicht der Rede wert … das ist ja selbstverständlich!« Heute sehe ich darin allerdings fehlende Wertschätzung mir selbst gegenüber und innere Härte. Egal, welche Leistung ich erbracht hatte, egal, welche Hürden von mir schon gemeistert wurden, es hatte kaum Bedeutung und deshalb reichte es auch nie. Ich war für mich selbst nie »genug«. Ich selbst war mir nie genug *wert*! Kennst du das auch?

Mein Verhalten war allerdings das Gegenteil von Dankbarkeit und zeugte nur davon, wie wenig ich mich selbst wertschätzte!

Wie sieht es bei dir aus? Empfindest du dir selbst gegenüber Wertschätzung, dass du gerne lachst oder weinst, wenn dich etwas berührt? Dass du anderen Menschen gut zuhören kannst und mitfühlend bist? Bist du dir selbst dankbar dafür, dass du dich mit bestimmten Menschen in deinem Leben versöhnt hast? Komplimente oder Geschenke mittlerweile annehmen kannst? Dass du für Menschen da bist, wenn sie dich brauchen, oder um Hilfe bitten kannst, wenn du sie brauchst? Auf dich und deine Bedürfnisse achtest und dir gern selbst etwas Gutes tust? Dir Freiräume erschlossen hast, die du früher nicht hattest? Kannst du stolz auf dich sein – auf den Weg, den du schon gegangen bist? Auf all die vielen Herausforderungen, die du schon gemeistert hast? Auf deinen Mut, den du schon so oft aufgebracht hast? Auf deine Liebe zum Leben? Deine Toleranz anderen Menschen gegenüber oder deinen Mut, auch einmal Grenzen zu ziehen? Blickst du auf dein Leben zurück und *siehst*, was du schon alles geleistet hast?

Es ist eigentlich ganz leicht: Wenn du deine Aufmerksamkeit auf die Fülle in dir und in deinem Leben richtest, nimmst du die Fülle in dir und um dich herum auch wahr. Richtest du deine Aufmerksamkeit allerdings auf den Mangel, dann nimmst du auch ihn wahr. Wenn du es dir nun zur Gewohnheit machst, für den Reichtum in deinem Leben dankbar zu sein, dann wirst du ganz automatisch deinen Blick liebevoll auf dich selbst und dein Leben richten. Es geht nicht anders!

Du wirst beginnen, dich selbst wertzuschätzen, und diese Selbstliebe führt zu einem *Zustand* der Erfüllung. Andere Menschen reagieren auf deine positive Ausstrahlung und spiegeln dir deine innere Haltung sehr deutlich wider. Liebe spiegelt Liebe.

Du wirst dich ausgeglichener und stabiler fühlen und erlebst, dass sich eine innere Harmonie einstellt, die dir bisher nicht bewusst war. Du wirst aus dem Feld der unendlichen Möglichkeiten automatisch Situationen und Gelegenheiten in dein Leben ziehen, die du dir bisher nicht erlaubt hattest, und du wirst inneren Frieden spüren, der sich in allen Lebensbereichen ausdrückt, für die du dankbar bist.

Dankbarkeit ist ein Zustand der Erfüllung und
eine Liebeserklärung an dich und dein Leben!
Dankbarkeit ist ein SEINS-Zustand!

Dieser Zustand der Dankbarkeit ist für mich heute so grandios, weil er mich regelmäßig vor Glück fast zum Platzen bringt. Ich bin unendlich dankbar dafür, am LEBEN zu SEIN! Atmen zu können, Essen zu genießen, mein Kind zu umarmen oder das Zwitschern der Vögel zu hören. Nichts davon ist selbstverständlich. Ich bin dem Feuer unendlich dankbar, dass es mir die Möglichkeit gab, meinen Körper zu verlassen und diese einzigartige Erfahrung zu machen. Ich bin mir selbst dankbar, dass ich mich auf all das eingelassen habe, und auch all den Hürden, die es mit sich brachte. Ich bin meinem Lehrer dankbar, meinen Eltern, fließendem Wasser oder dem ersten Schnee. Jeder einzelne Moment in meinem Leben ist erfüllt von diesem Zustand, der sich durch alle Bereiche in mir und in meinem Leben zieht. Nichts ist davon ausgenommen.

Bitte vergiss niemals: Du bist *NICHT* selbstverständlich!

Schlüssel 3 – Du hast immer die Wahl

Ganz egal, ob ich mich mit meinem Lehrer in den schöpferischen Ebenen aufhielt oder mich jetzt wieder in meinem Körper befinde, eines zog sich wie ein roter Faden durch alle Erfahrungen: Ich hatte und habe immer und überall die Wahl!

Ich kann gegen mich selbst kämpfen oder mich hingeben. Ich kann Dinge tun, die sich für mich nicht gut anfühlen, oder ich kann es lassen. Ich kann mich unterordnen, mich klein und ohnmächtig fühlen, oder ich kann für mich die Entscheidung treffen, damit aufzuhören. Jetzt! Es liegt ganz bei mir, aus welchem Blickwinkel ich die Geschehnisse in meinem Leben betrachte und in welche Richtung ich meine Aufmerksamkeit lenke. Ab jetzt!

Du hast jederzeit die Wahl, dein Leben zu verändern! Du bist weder machtlos noch hilflos, sondern ein unfassbar reiches Bewusstseinsfeld, dem alle Möglichkeiten zur Verfügung stehen. Hör auf, dich klein zu machen, und erinnere dich an dein *Wahres Ich*!

Wenn ich dir sage, du hast immer und jederzeit die Wahl, spreche ich genau diesen unbewussten Teil von dir an. Es spielt nämlich in Wahrheit gar keine Rolle, welche Ängste oder Unsicherheiten du im Moment spürst oder ob du dir eine Veränderung in deinem Leben bereits zutraust. Jetzt, in diesem Augenblick, möchte ich dir nur davon erzählen, dass es auch für dich möglich ist, dein Leben sofort in genau die Richtung zu verändern, in die du möchtest. Selbst wenn du noch nicht weißt, wie.

Unser Bewusstsein erschafft unsere Realität durch unsere Aufmerksamkeit, sowohl in den hohen seelischen Ebenen als auch in unserer materiellen, begrenzten Welt. Das bedeutet, dass wir unweigerlich und permanent die Schöpfer unserer eigenen Realität sind. Wir selbst gestalten unser Leben, und indem wir unsere Aufmerksamkeit auf bestimmte Bereiche lenken, verwirklichen wir sie. Wir manifestieren ständig, denn genau das ist unsere Natur.

Die Wahl zu haben bedeutet eigentlich nichts anderes, als eine Entscheidung zu treffen, und genau das tun wir ständig. In jedem Augenblick treffen wir Entscheidungen, doch die meisten davon sehr unbewusst. Sobald wir das aber erkannt haben, können wir gegensteuern. Wir können herausfinden, was wir wirklich wollen, was uns erfüllt und sich gut anfühlt.

Wir haben nicht nur immer die Wahl, sondern wir treffen sie auch ständig. Automatisch und in jedem Moment. Doch es liegt an uns, ob wir die Entscheidung treffen, der Angst in uns zu folgen oder nicht. Ob wir uns weiter als Opfer fühlen wollen, weil es einfach der bequemere Weg ist, oder ob wir damit beginnen, endlich für uns selbst die Verantwortung zu übernehmen. Sobald wir erkennen, dass jedes »das geht nicht«, »ich schaffe das nicht« und »ich kann das nicht« nur alte Ängste unseres Denkers sind, lösen wir uns von ihm. Unser Kokon dehnt sich mit jeder bewussten Entscheidung aus, und wir treten wieder in Verbindung mit unserem *Wahren Ich.* Um genau diese Entscheidungen auch auf wirklich leichte und magische Weise treffen zu können, möchte ich dir jetzt einen weiteren Schlüssel vorstellen.

Bitte vergiss niemals: *DU* bestimmst dein Leben!

Schlüssel 4 – Triff eine Entscheidung

Dieser Schlüssel ist reinste Magie, und glaube mir, ihn einzusetzen bringt dich aus dem Staunen nicht mehr heraus. Du wirst mit ihm lernen, Leichtigkeit und Freude zu erfahren, und erkennst das Leben selbst als reinstes Wunder. Das glaubst du nicht? Na, dann lass dir von einem goldenen Schlüssel erzählen, der deinem *Wahren Ich* in einem einzigen Moment die Möglichkeit gibt, in Kontakt mit dir treten zu können.

Dieser Schlüssel gibt dir die Möglichkeit, deinem Denker in nur einem einzigen Moment vollständig den Wind aus den Segeln zu nehmen.

Wie wäre es, wenn du dir überhaupt keine Gedanken darüber machen müsstest, *wie* du all das in deinem Leben umsetzen könntest, was du dir wünschst? Oder wenn du dir *nie wieder* Gedanken darüber machen müsstest, wie du etwas erreichst? Stell dir vor, dass deine klare Entscheidung ausreicht und du nur noch darauf zu warten brauchst, *wie* sich all die Veränderungen, die du dir wünschst, in deinem Leben zeigen. Was wäre, wenn sich ein viel weiserer Teil von dir um deinen Wunsch kümmern würde? Ein Teil von dir, der jeden einzelnen deiner Gedanken empfängt und ihn in deine Realität bringt? Kannst du dir das vorstellen, oder es wenigstens für möglich halten? Wenn ja, dann bist du bereits dabei, den tollsten goldenen Schlüssel zu benutzen, der dir die Magie in dein Leben bringen wird, nach der du dich sehnst.

Du musst nicht wissen, wie! Triff einfach nur eine Entscheidung, und gib dann alles andere an dein *Wahres Ich* ab. An das Feld der Resonanzen, die Matrix, die Schöpfung, Gott oder wie auch immer du dein *Höheres Ich* bezeichnen möchtest. Es ist alles ein und dasselbe! Dein früheres »Zerdenken« war bisher der Grund, warum die negativen Überzeugungen, die dein

Denker abgespult hat, Realität wurden. Denn du erschaffst genau das, wovon du überzeugt bist! Bist du überzeugt davon, dass du all das sowieso nicht kannst, dann hast du damit recht. Es wird genau so eintreten, wie du es glaubst.

Bist du zum Beispiel davon überzeugt, dass du das Glück nicht verdient hast, dann liegst du damit richtig. Du wirst bestimmt ganz viele Gelegenheiten bekommen, die dir genau diese Überzeugung bestätigen. Bist du davon überzeugt, dass es dir schwerfällt abzunehmen, wird es dir schwerfallen. Empfindest du das Leben als schwer, wird es dir sehr viele Gelegenheiten präsentieren, die dich darin bestätigen.

All das geschieht immer und gehört zu unserer ureigenen Natur. Da wir reinste Schwingungswesen sind, sind wir den Gesetzen des Universums unterworfen. Da wir schöpferisches Bewusstsein *SIND*, können wir überhaupt nicht anders, als zu erschaffen, zu kreieren und auch zu manifestieren. Energie folgt immer der Aufmerksamkeit, und du ziehst in jedem Moment all das in deine Realität, auf das du deine Aufmerksamkeit richtest. Ob du das nun bewusst oder unbewusst tust, ändert daran gar nichts. Dieser kleine, wundervolle Zaubersatz: »Ich muss nicht wissen, wie« hebelt ganz leicht deinen Denker aus. Er übergeht diesen Filter, der dich bisher von deinen eigenen höheren Instanzen getrennt hat, und erlaubt deinem *Wahren Ich* endlich, dich in eine Richtung zu begleiten, die Entwicklung in dein Leben bringt. Dadurch, dass du die Erfüllung deiner Entscheidung nicht mehr von der Erlaubnis deines Denkers abhängig machst, hat dein *Wahres Ich* die Möglichkeit, etwas als Realität Wirklichkeit werden zu lassen, das deinen Wünschen entspricht oder sogar noch weit darüber hinausgeht. Wählst du einen leichten Weg, wirst du einen leichten Weg erfahren. Wählst du einen Weg, bei dem du die einzelnen Zusammenhänge verstehen kannst, wirst du das bekommen.

Es ist wirklich ganz egal, was du für dich wählst, denn du hast nicht nur immer die Wahl, sondern erhältst auch immer das, wovon du überzeugt bist.

Bitte vergiss niemals: Du hast immer recht! Glaubst du, dein Leben sei schwer, wird es schwer sein – hältst du allerdings Wunder für möglich, wird auch dein Leben ein Wunder!

Schlüssel 5 – Der Sinn deines Lebens

Vielleicht hast du dir, wie die meisten anderen Menschen auch, in der Vergangenheit nicht allzu viele Gedanken über den Sinn und Zweck deines Lebens gemacht, oder du empfindest dein Leben im traurigsten Fall vielleicht als sinnlos oder gar als Strafe? Vielleicht hast du dich allerdings auch bisher ganz schön unter Druck gesetzt, weil du irgendwie ständig auf der Suche nach dem Sinn deines Lebens warst. Wahrscheinlich hast du dann, bewusst oder unbewusst, nach deiner Bestimmung gesucht oder nach dem Grund, der all dem, was du hier erlebst, einen Sinn geben würde.

Ich gehörte genau zu diesen Menschen. Da ich schon früh in meinem Leben gelernt hatte, dass alles in unserem Leben einem tieferen Sinn folgt, wurde ich schon bald zu einem regelrechten »Sinnsucher«. Bei fast allem, was mir widerfuhr, versuchte ich, den Sinn dahinter zu entdecken.

Ich suchte ständig »meinen Weg« und stellte dadurch auch gerne das meiste, was ich tat, infrage. Ist das, was ich tue, wirklich meine Bestimmung? Ist dieses und jenes der Grund, warum ich auf der Erde bin, in dieser Familie und in diesem Körper? Was ist der Ruf meiner Seele, meine Berufung, und wie kann ich sie leben? Solche Fragen beschäftigten mich permanent, und weil ich darauf keine Antworten fand, die sich stimmig anfühlten, fühlte ich mich immer irgendwie »falsch«. Da ich ein ziemlich unbewusstes Leben führte, unterlag ich starken Zweifeln und bewertete mich gerne selbst. Das Schlimmste aber war, wie sehr ich mich selbst dabei unter Druck setzte.

Als ich in meiner Nahtoderfahrung auf mein Leben mit all meinen traurigen Entscheidungen zurückblickte, kamen natürlich wieder die altvertrauten Fragen in mir auf: »Was für einen Sinn hat all das, und warum habe ich mir dieses Leben ausgesucht? Was habe ich nur falsch gemacht?«

Mein Lehrer gab mir daraufhin folgende Antwort:

»Du hast absolut gar nichts falsch gemacht! Es kommt nur darauf an, aus welchem Blickwinkel du dein Leben betrachtest. Du als Mensch gehst in deiner begrenzten Vorstellung davon aus, dass es im Leben darum geht, etwas zu tun oder zu lassen. Du glaubst, es gäbe einen Weg, einen Plan und ein Ziel, das du erreichen müsstest, doch das stimmt nicht! Du glaubst, du könntest etwas richtig oder falsch machen, doch auch das ist nicht wahr. Darum geht es in Wirklichkeit nie. Der wirkliche Sinn deines Lebens ist es, das zu finden, was dich wirklich ausmacht, und es dann zum Ausdruck zu bringen!«

Uns selbst zu finden, authentisch sein, Selbstliebe oder unser *Wahres Ich* zu leben, das hört sich alles richtig an, doch wissen wir eigentlich, was das bedeutet? Die wenigsten Menschen haben noch nicht einmal im Ansatz eine Ahnung, was damit gemeint ist, wenn man ihnen sagt: »Sei doch einfach du selbst«, oder? Uns wurde beigebracht, dass Entwicklung harte Arbeit ist, mühsam ist und lange dauert. Doch das Gegenteil ist der Fall! Sobald du beginnst, der Freude in dir zu folgen, der Leidenschaft und Begeisterung, wird es leicht. Sobald wir nämlich auf die Leichtigkeit und Freude in uns hören, wird es immer klarer fühlbar. Sobald wir uns in unserem Leben nicht mehr von unserem Denker führen lassen, sondern lernen, dass uns die Freude führen darf, begegnen uns Wunder. Wenn ich eines gelernt habe, dann, dass sich das Leben LEICHT anfühlt, sobald ich es mir erlaube.

Was begeistert dich? Was fesselt dich? Wofür brennst du, oder was erfüllt dich?

Wenn du zu den Menschen gehörst, die in erster Linie wissen, was sie nicht wollen, wird es höchste Zeit herauszufinden, was du möchtest, denn darin verbergen sich deine Qualitäten.

Sobald wir nämlich anfangen, unsere Qualitäten zu leben, wird das Leben leicht.

Schlüssel 6 – Du und dein Körper

Was hat mein Lehrer nicht alles versucht, um mich dazu zu bewegen, mich wieder mit meinem Körper anzufreunden. Ohne mich auch nur ein einziges Mal zurechtzuweisen oder mich zu drängen, hat er mir sehr geduldig immer wieder die Magie meines Körpers vor Augen geführt, die ich selbst niemals in ihm sah. Für mich war er einfach ein Vehikel. Ein Fortbewegungsmittel, dem ich nur sehr selten wirklich Beachtung zukommen ließ. Ich zog ihn nett an, kämmte seine Haare und pflegte ihn, so wie man es eben tut. Meistens benutzte ich meinen Körper sogar als eine Art Statussymbol, denn ich wusste, wie ich ihn kleiden und bewegen musste, um mit ihm Aufmerksamkeit zu erlangen.

Obwohl mein Vater als naturheilkundlicher Arzt den Körper immer in seiner Gesamtheit betrachtet hatte, ging dieses Wissen doch recht spurlos an mir vorüber. Ich dachte immer, es reicht, wenn ich mich gut um meinen Körper kümmere, ihn gut ernähre, ihn ab und zu untersuchen lasse und, wenn ihm die Kraft ausgeht, mir eine Badewanne einlasse oder etwas länger schlafe.

Doch als ich ihn durch meinen Lehrer auf so atemberaubende und neue Weise kennenlernte, stellte ich erstaunt fest, dass meinem Körper all das ziemlich gleichgültig war. Er reagiert einzig und allein auf die unterschiedlichsten Schwingungen, denn er ist aus meiner Sicht ein reines Resonanzfeld. Er reagiert auf die Schwingung der Nahrung, die wir zu uns nehmen, auf die Schwingung der Farben, die wir tragen, auf unsere Gedanken und ganz besonders auf unser *Gefühl für uns selbst*. Solange wir allerdings nichts von seinem Bewusstsein wissen oder der Art und Weise, wie er auf uns reagiert, haben wir nur wenige Möglichkeiten, all die Wunder zu erkennen, die er für uns bereithält. Wir nutzen ihn zwar, waschen und pflegen ihn, doch so wirklich bewusst bewohnen wir ihn nicht. Ich habe mithilfe meines Lehrers den Körper als eine Einheit aus Farbe, Schwingung und Klang der Frequenzen kennengelernt und kam aus dem Staunen nicht mehr heraus, als ich bewusst in dieses Körperuniversum eintrat. Als ich jedoch lernte, wirklich mit ihm zusammenzuarbeiten und seine Sprache zu verstehen, veränderte sich alles.

Doch wie spricht unser Körper eigentlich mit uns? Die Antwort auf diese Frage ist so einleuchtend und einfach, dass sie den meisten von uns wahrscheinlich gar nicht bewusst ist. Wir wissen zwar, dass der Körper uns über Schmerzen oder eine Krankheit seine Problembereiche aufzeigt, doch er besitzt noch ein ganz anderes Sprachrohr, welches wir viel eher und sogar in jedem Moment wahrnehmen können. Die eigentliche Sprache deines Körpers kennst du in- und auswendig, denn es sind deine *Gefühle*!

Darf ich dich an dieser Stelle an die quicklebendigen Goldpunkte erinnern, die sich in jeder deiner 80 Billionen Zellen befinden? Sie sind direkt mit der Quelle verbunden und reagieren auf dich. Schickst du ihnen ein Gefühl der Liebe, werden sie sich dabei überschlagen, dir deine eigene Liebe doppelt zurückzuschicken. Dein Körper spricht also über die Sprache der Gefühle mit dir, und du erreichst ihn ebenfalls am leichtesten über deine Gefühlsebene.

Als ich zusammen mit meinem Körper herauszufinden begann, wie ich meinem neuen Leben eine andere Richtung geben könnte, war das gar nicht so schwer. Er half mir dabei, indem er mir sehr genau zeigte, was mir guttat und was nicht. Fühlte sich etwas leicht und angenehm an, wusste ich, dass ich auf dem richtigen Weg war. Sobald ich unangenehme Empfindungen oder ein Gefühl der Schwere wahrnahm, wusste ich, dass ich mich auf dem Weg zurück in mein altes Leben befand.

Dein Körper ist zusätzlich aber auch der Bereich von dir, über den du mit anderen Menschen in Kontakt, also in Resonanz trittst. Du benutzt seine Augen, um zu sehen, seine Ohren, um zu hören, und seinen Mund, um deine Worte durch ihn in Klang zu verwandeln, sodass sie von anderen Ohren gehört werden können. Auch benutzt du seine Hände, um andere Menschen oder Tiere mit deiner Frequenz zu berühren.

Alles, was du als Mensch anderen Menschen geben und auch für dein eigenes Leben erfahren möchtest, findet einzig und allein über das Resonanzfeld deines physischen Körpers und dein Bewusstsein statt. Dein Körper ist der Schlüssel!

Erfüllung ist außerhalb deines Selbst nicht möglich,
und Erfüllung ohne deinen Körper nicht erfahrbar!

Die größte Liebesbeziehung, die du in deinem Leben eingehen solltest, ist die zu deinem eigenen Körper. Er hat sich nur für dich gebildet, ist durch jede deiner 80 Billionen Zellen mit der Quelle verbunden und somit dein direkter Draht dorthin. Er trägt alles in sich, was du auf deinem weiteren Weg benötigst, und noch viel, viel mehr.

Vielleicht hast du ja Lust, bevor du weiterliest, einmal zu dem Kapitel mit den tanzenden Goldpunkten zurückzublättern und es nochmals durchzulesen? Jetzt weißt du ja, dass sie das Resonanzfeld deines wunderbaren Körpers bilden und du sie jederzeit zum Vibrieren und Strahlen bringen kannst – und sie DICH!

Bitte erinnere dich: Erfüllung ist außerhalb deines Körpers nicht möglich!

Schlüssel 7 – Alles ist da! Nichts existiert außerhalb von dir

Aus meiner heutigen Sicht ist das Gefühl, wir wären getrennt, die größte Illusion und das größte Hindernis von allen. Es stimmt nämlich nicht. Du bist ein untrennbarer Teil Gottes, der Schöpfung oder wie auch immer du selbst deine Verbindung zur Quelle bezeichnen möchtest. Sie wirkt durch dich und drückt sich durch dich aus – in jedem einzelnen Moment. Genauso selbstverständlich, wie der Atem deinen Körper belebt, bist auch du untrennbar mit allem verbunden, meist allerdings, ohne es zu merken.

Warum wir all diese Wunder nicht wahrnehmen können, liegt an dem Kokon, von dem ich dir erzählt habe. Von innen, aus unserer momentanen Sicht, wirkt er wie ein unüberwindbares Hindernis oder wie eine dicke Nebelwand, die die Sicht versperrt. Genau aus diesem Grund suchen wir die Erfüllung, die Liebe, unsere Seele und auch Gott im Außen. Wir verlassen uns selbst und gehen »hoch«, um zu Gott zu gelangen, hoffen darauf, dass uns jemand anderer bedingungslos liebt, weil wir die Liebe in uns selbst nicht fühlen können, oder suchen Halt und Orientierung im Außen. Wir sind darauf konditioniert, und niemand hat uns je beigebracht, dass all das nur ein Trugschluss ist. Wenn ich mit Menschen arbeite, sehe ich bei ihnen ihre Leere, ihren inneren Kampf gegen sich selbst und spüre ihre Verzweiflung. Sie glauben, sie hätten sich selbst verloren, ihre Gefühle verdrängt und sie seien machtlos. Doch das stimmt nicht. Alles ist da, und wenn du damit beginnst, es nicht mehr im Außen zu suchen, wirst du all das, wonach du dich sehnst, auch wieder fühlen können. In dir! Glaube mir, ich weiß genau, wovon ich dir erzähle, und bin der beste Beweis dafür. Ich wollte partout nicht zurück, weil ich davon ausging, all das Wundervolle, das ich »dort« erlebt hatte, zu verlieren. Doch das Gegenteil war der Fall! Ich erlebe nämlich heute und in meinem Körper viel, viel mehr als all das. Zusätzlich! Für mich gibt es keine zwei Welten mehr, keine Trennung und auch keine innere Leere. Die Schwingung meines namenlosen Lehrers hat sich mit mir ebenso verbunden wie alles andere, das ich erfahren durfte. Deshalb empfinde ich mich heute viel eher wie eine Tänzerin, die in der feinstofflichen und in der materiellen Welt gleichermaßen zu Hause ist. Und vor allem habe ich gelernt, mein Leben zu lieben.

Der goldene Schlüssel für dich ist die Sicht auf deine Seele. Dieses grenzenlose Bewusstseinsfeld ist untrennbar mit dir verbunden, weiß alles über dich und kennt deine Wege. Wie wäre es also, wenn du nicht im Außen nach ihr suchst, sondern sie einmal ganz bewusst in dich hereinholst? Wie wäre es, wenn du dir erlaubst, deine verschlossenen Türen zu öffnen und deine Seele, deine geistigen Begleiter und auch Gott in dich hineinzulassen? Wie wäre es, wenn du die Liebe, nach der du dich sehnst, in dich hineinziehst? Darf ich dich daran erinnern, dass dir im Feld der unendlichen Möglichkeiten alles zur Verfügung steht, was du für möglich hältst, und dass du es in der Hand hast, was durch dich entsteht? Du bist nicht getrennt! Probiere es aus, und lasse dich überraschen. Stell dir vor, wie ein Magnet alles in dich hineinzuziehen, was dir guttut und was du brauchst. Vielleicht nutzt du dazu deinen Atem und stellst dir vor, wie du bei jedem Einatmen alles in dich zurückholst, was du verloren glaubtest. Hast du Angst vor dem Leben, dann atme ganz bewusst all die wundervollen Qualitäten der Erde in dich hinein – ihre Stabilität, Weisheit und unendliche Kreativität. Fühle, was sich dadurch in dir verändert, atme dann deine Seele in deinen Körper hinein. Spüre dich!

Aus meiner Sicht sind wir Menschen die größten Wunder, die ich bisher kennengelernt habe, und meine Freude darüber, dass ich mich wieder für mein Leben entschieden habe, kann ich gar nicht oft genug zum Ausdruck bringen. Ich wurde Meister darin, alles in mich zurückzuholen, von dem ich glaubte, es würde mir fehlen, und erkannte dadurch: Es ist alles DA, und es ist alles EINS – in mir!

Bitte erinnere dich: Du bist nicht getrennt – du hast es nur vergessen!

Schlüssel 8 – Selbstliebe

Unser »Menschsein« ist schon wirklich witzig, wenn wir es einmal aus der Adlerperspektive betrachten. Da tragen wir ALLES, ja wirklich ALLES in uns, was wir brauchen, um durch und durch erfüllt ein Leben als Mensch führen zu können, und kommen mit diesem Wissen auf die Welt. Doch dann werden wir er-zogen. Wir werden buchstäblich von uns selbst weggezogen, indem wir lernen, uns anzupassen. Wir haben Vorbilder, denen wir folgen, und hören dadurch auf, uns selbst zu folgen.

Es ist ein bisschen so, als würden wir mit uns selbst »Verstecken« spielen, oder?

Doch warum ist es nur so unendlich schwer für die meisten Menschen, sich selbst zu lieben? Die Schwingung, aus der wir alle entstanden sind, die uns trägt und in jeder Zelle unseres Körpers verankert ist, zum Ausdruck zu bringen?

Der Grund dafür ist mal wieder der Kokon unseres Egos. Wir haben uns mit ihm identifiziert, hängen in unserer Vergangenheit fest und sind überzeugt davon, mehr oder weniger schwere Bürden zu tragen.

Die meisten Menschen glauben, dass sie etwas »tun« müssten, um sich selbst lieben zu können. Sie glauben, sie müssten es sich verdienen oder etwas geben – sich selbst oder anderen. Sie glauben, sie müssten erst eine bestimmte Leistung erbringen oder ein bestimmtes Verhalten an den Tag legen, um liebenswert genug zu sein. Doch das ist alles nicht wahr! Du musst rein gar nichts tun. Egal, was bisher war oder was sein wird. Egal, was andere Menschen dir gesagt oder beigebracht haben!

Du bist hier, um die bedingungslose Liebe zu erlernen, also setz dich nicht unter Druck! Du bist ein Schüler – wir alle sind das –, und es wäre schön, wenn du in genau diesem Schulfach ein sehr wissbegieriger und aufmerksamer Schüler wirst. Die

Liebe ist nämlich das wichtigste und zugleich schönste Fach der »Universität Erde«. Vielleicht beginnst du damit, liebevoller mit dir selbst umzugehen? Übst dich in Nachsicht dir gegenüber und erkennst deine Qualitäten an? Du magst es bisher vielleicht eher gewöhnt sein, Liebe für andere Menschen zu empfinden oder bei anderen zu suchen, doch es geht nur um dich. Du mit dir selbst! Bedingungslose Liebe für dich selbst zu entwickeln bedeutet, dich voll und ganz genau so anzuerkennen, wie du jetzt im Moment bist! Dazu gehört die Erkenntnis, dass du genau so richtig bist, wie du bist! Immer! Es gibt nämlich in Wahrheit nichts, was du jemals falsch gemacht hast, verloren hast oder dir vorzuwerfen hättest. Aus Sicht deiner Seele gibt es nichts, was du abwerten solltest, keinen Grund, warum du dich klein oder abhängig fühlen müsstest. Es gibt keine Schuld, keine Buße und niemanden, der über dich richtet – außer du selbst. Du hast nie irgendetwas falsch gemacht, auch wenn du noch so sehr davon überzeugt bist.

Du musst weder eine bestimmte Leistung erbringen, um dir Liebe zu verdienen, noch musst du etwas an dir verändern, um ihrer wert zu sein. Die Liebe steht dir in vollem Umfang zur Verfügung, auch wenn du noch so sehr davon überzeugt bist, dass das nicht so sei.

Du wirst lernen, deinen Blick nicht mehr in erster Linie nach außen zu richten, sondern liebevoll auf dich selbst. Je mehr du dich selbst wertschätzen und lieben lernst, desto klarer wirst du spüren, dass du weder getrennt bist noch kaputt oder falsch. Du erkennst, dass es in deiner Hand liegt, ob du eine Situation verändern möchtest, sie beibehältst oder sie verlässt. Das Ergebnis ist ein Gefühl des tiefen, ruhigen Friedens, das dich voll und ganz erfüllt und lächeln lässt.

Vielleicht erlaubst du dir jetzt im Moment, diesen ganzen Druck loszulassen, den du dir permanent gemacht hast? Glaub mir, du brauchst ihn nicht! Dieser Druck ist nämlich ziemlich kontraproduktiv, da er das genaue Gegenteil von Bedingungslosigkeit ist. Erinnere dich lieber daran: Du bist hier, um Erfahrungen zu machen und alles über die Liebe zu lernen, denn sie ist deine wahre Natur. Das ist kein Wettbewerb, und es geht nicht darum, wer als Erster ins Ziel kommt.

Sobald du beginnst, dich selbst zu lieben, kommst du mehr und mehr in deine Kraft. Du bist niemandem etwas »schuldig«, und musst nichts erdulden oder ertragen. Du lernst, dass du jederzeit alles verändern kannst oder es so annehmen, wie es eben ist. Du lernst, niemandem mehr das Recht zu überlassen, dich zu verletzen, außer du erlaubst es ihm – und das tust du nur, wenn du einen guten Grund dafür hast. Deinen Grund! Du wirst lernen, deine Macht nicht mehr an andere abzugeben und auf dein eigenes Gefühl zu vertrauen. Du übernimmst Verantwortung für dich selbst und bist nicht für Dinge verantwortlich, die nichts mit dir zu tun haben. Du wirst immer weniger fremden Wegen folgen, sondern zunehmend deinen eigenen erkennen – und das ist herrlich!

Du wirst lernen, dich von deiner Freude, deiner Intuition und deinem Körper führen zu lassen, und findest dadurch in dir genau die Leichtigkeit, die deine wahre Natur ist.

Du fühlst tiefen Frieden in dir, weil du aufgehört hast, dich zu verbiegen, anzupassen oder unterzuordnen, und stattdessen deinen eigenen Weg gehst. Schritt für Schritt. In DEINE Richtung!

Bitte erinnere dich: Wahre Liebe unterscheidet nicht zwischen einem »Ich« und einem »Du«, denn sie weiß, dass alles untrennbar miteinander verbunden ist. Wahre Liebe hat nichts mit Egoismus zu tun!

Du bist ein Wunder

O ja, du bist ein Wunder … und sogar noch viel mehr als das! Was würde ich dafür geben, wenn du dich auch nur für einen einzigen Augenblick mit den Augen deines *Wahren Ichs* sehen könntest. Was würde ich dafür geben, wenn du dich selbst ein einziges Mal als dieses Wunder wahrnehmen könntest, welches du wirklich bist.

Doch ich weiß, dass dieser Augenblick für dich kommen wird! Früher oder später wirst du dich selbst in deiner Vollkommenheit erkennen, und du wirst staunend auf alles blicken, was dich ausmacht. Du wirst genauso wie ich damals auf dein bisheriges Leben zurückblicken, und ich wünsche dir aus ganzem Herzen, dass dieser Rückblick ein sehr erfüllender für dich sein wird. Bitte vergiss nie, egal, wo du dich jetzt gerade auf deinem Lebensweg befindest: Du hast jederzeit die Möglichkeit, alles zu verändern!

Genau das habe ich getan, als ich all diese Zusammenhänge begriffen hatte. Ohne zu zögern, war ich nach meiner Rückkehr in dieses Leben bereit, alles über Bord zu werfen, was mit meinem alten Leben zu tun hatte, und übergab die Führung vollständig an mein *Wahres Ich*. Genau dadurch hat sich mein Leben nach diesem unbeschreiblichen Weckruf gänzlich verändert. Auch wenn ich am Anfang nicht wusste, was das alles für mich bedeuten oder wohin es mich bringen würde, war mir klar, dass ich unmöglich mein altes unbewusstes Leben wieder aufnehmen konnte.

Wir Menschen leben unser Leben doch viel zu oft aus einer ständigen Vermeidungsstrategie heraus. Wir versuchen, den Schmerz zu vermeiden, den uns das Leben oder, besser gesagt, die Umwelt spiegelt. Wir leben aus einem Mangelgefühl heraus und sind daher ständig damit beschäftigt, etwas zu tun, zu erreichen oder zu beweisen. Wir glauben dem Denker in uns jedes seiner Worte und fühlen uns dadurch unendlich klein. Pausenlos versuchen wir, unsere innere Leere zu füllen, durch Anstrengung oder das Erreichen von Zielen zu füllen. Die fehlende Liebe zu uns selbst suchen wir vergeblich im Außen.

Aus meiner früheren Vermeidungsstrategie wurde vollständige Hingabe. Ich lernte, meine Ängste, Zweifel und Unsicherheiten anzunehmen, und durchschaute sie dadurch als Illusion. Vorstellungen, die ich vom Leben hatte, zerplatzten wie Seifenblasen, als ich lernte, meinem Verstand die Sicherheit seiner Gedanken zu entziehen. Mein früherer Glaube an Karma, an Gott oder die Beschaffenheit meines Körpers hatte sich vollständig aufgelöst, und das verunsicherte meinen Verstand natürlich ungemein.

Mir war bewusst geworden, dass jede Überzeugung, an der ich festhielt, und mag sie noch so logisch klingen, nur eine vorgefertigte Meinung ist und nicht meiner Wirklichkeit entspricht. Es ist nicht allzu schwer, seine bisherige Vorstellung von Gott aufzugeben, wenn man eine solche Erfahrung gemacht hat wie ich, allerdings neigt man dann dazu, anderen Menschen seine eigene Wahrheit als ultimative Wahrheit zu verkaufen oder sie belehren zu wollen. Dadurch legt man sich aber einfach nur eine neue Überzeugung zu und stülpt anderen Menschen seine neu gewonnenen Erkenntnisse über. Man ersetzt einfach das alte Weltbild durch ein neues und versucht es dann an seine kleine Welt anzupassen. Es gibt keine Wahrheit außer der, die du ganz allein für dich als Wahrheit erfahren kannst. Die Wahrheit, in die ich für mich eingetaucht bin, ist so multidimensional und so unfassbar mannigfaltig, dass ich sie nur als grenzenloses, unfassbares Wunder beschreiben kann. Dafür gibt es keine Worte, und sie drückt sich für jedes Individuum anders aus. Und doch ist es *meine Wahrheit*. Es liegt an dir, deine eigenen, ganz *persönlichen* Wunder in deiner Wirklichkeit zu entdecken. Du bist individuell, einzigartig und vollkommen! Das ist eine unumstößliche Tatsache, egal, was dein Denker dazu sagt.

Ich habe erfahren, dass alles, ja wirklich alles möglich ist und es ganz allein bei mir liegt, welche dieser unfassbaren Wunder ich in meinem Leben erfahren möchte. Nach all den Jahren achte ich immer noch sehr bewusst darauf, welche versteckten Überzeugungen mein Leben prägen, und löse sie auf, sobald sie mir bewusst werden.

Ich weiß heute, dass ich nicht hier in diesem Körper bin, um irgendetwas zu erreichen, zu beweisen oder zu erklären. Ich bin auch nicht hier, um die Welt zu verbessern oder in ihr etwas zu bewirken. Ich bin vor allem nicht hier, um die Welt durch mich zu einem besseren Ort zu machen. Keiner ist aus diesen Gründen hier!

Ich bin hier, um mich selbst als das zu erkennen, was ich wirklich bin. Ich bin hier, um die Grenzen meines kleinen Ichs zu sprengen und den Raum dahinter in mir selbst zu erfahren. Ich bin hier in diesem Körper, um mit ihm gemeinsam all die Freude und Leichtigkeit auszudrücken, die mein Herz zum Explodieren bringt. Allein dadurch, dass ich mich selbst ausdrücke, verändere ich unweigerlich auch etwas in meinem Umfeld. Seither lebe ich von innen nach außen. Statt wie früher im Außen etwas zu suchen, was mich im Innen erfüllt, spiegelt mir das Leben nun meine innere Erfüllung wider. Wir alle sind reinste Resonanzkörper. Das bedeutet, dass wir alle miteinander über unsere Schwingungsfelder in Resonanz stehen, und das Leben ist dabei nur der Spiegel. So wie mir mein Leben früher meine Ängste und Überzeugungen vor Augen geführt hat, spiegelt es mir nun ein Spiel der unendlichen Möglichkeiten.

Nichts hat heute noch mit der Frau von damals zu tun, außer vielleicht ihr Name. Jedoch hat auch dieser mittlerweile vollständig an Bedeutung verloren, denn ich bin um so vieles mehr, als mein Name jemals aussagen könnte. Aus diesem hohen Bewusstsein heraus bin ich weder eine Frau, noch habe ich ein gewisses Alter. Ich bin nicht mein Körper oder meine Gedanken. In Wirklichkeit bin ich weder die Worte, die ich für dich geschrieben habe, noch ist irgendetwas wichtig, was ich tue. Ich bin reinste Schwingung, die sich ständig und auf allen Ebenen durch alles ausdrückt, auf das sie ihr Gewahrsein richtet. Alles, was ich früher für wichtig, unveränderbar und real hielt, hat sich durch und durch als »Fake« entpuppt, und stattdessen haben sich mir Bereiche eröffnet, die unfassbar weit über alles hinausgehen, was ich jemals für möglich gehalten habe. Für mich hat die Zeit, so wie ich sie einst kannte, vollständig an Bedeutung verloren, und auch der Raum, in dem ich mich gerade bewege, ob der Körper, das Haus oder die Welt an sich, geht unbegrenzt und fließend ineinander über. Mein Verstand hat sich weitgehend von seinen alten Denkmustern verabschiedet und ruht meistens still in sich selbst. Nichts hat aus diesem Bewusstsein heraus eine Bedeutung außer die Wertschätzung und Anerkennung, die ich meinem Körper und dem Leben selbst entgegenbringe. Leben wir aus dieser Anerkennung und Wertschätzung heraus, verkörpern wir automatisch Liebe. Liebe für uns selbst, dem Leben und anderen Menschen gegenüber. Etwas anderes ist nicht mehr möglich.

Das Leben fühlt sich für mich heute ganz ähnlich an wie in der Zeit, in der mein Körper im Koma lag. Das allergrößte

Geschenk für mich ist allerdings, dass ich all diese Wunder nun innerhalb meines Körpers erfahren darf. Ich kann gar nicht in Worte fassen, wie dankbar ich meinem Lehrer für seine Beharrlichkeit bin. Hätte er mich nicht mit seiner Engelsgeduld immer und immer wieder zu meinem Körper geführt, wäre ich heute garantiert nicht hier. Hätte er nicht alles darangesetzt, um meine verbohrte und beschränkte Sicht auf mein Leben und meinen Körper zu ändern, könnte ich all diese Erfahrungen nicht machen, die hoffentlich niemals aufhören werden. Und genau darin liegt ein weiterer goldener Schlüssel verborgen. Erkenntnis allein verändert nichts. Erkenntnis allein ist absolut ohne Bedeutung und bringt uns keinen einzigen Schritt in unserer Entwicklung weiter. Erkenntnis allein ist lediglich ein gefundenes Fressen für unseren Verstand. Er kann sich in die Erkenntnis ausdehnen oder versuchen, sie in seine alten Schubladen einzuordnen und zu zerpflücken. Erkenntnis ohne die entsprechende Erfahrung ist ohne Bedeutung! Erlangst du jedoch eine wichtige Erkenntnis und lässt dich dann darauf ein, sie durch dich selbst zu *erfahren*, verändert sich alles. Etwas nur zu hören, zu lesen oder mit dem Verstand zu erfassen ist zwar interessant, doch es bringt uns nicht weiter auf unserem Weg.

Ich kann dir noch so viel über all die Wunder erzählen, die für dich möglich sind, doch solange du meine Worte nur mit deinem Verstand aufnimmst, ist es wahrscheinlich einfach nur ein spannendes Buch. Wenn du allerdings bereit bist, meine Worte tiefer in dich einfließen zu lassen, werden sie mit deiner Schwingungssignatur in Resonanz treten. Unweigerlich! Du hast es in der Hand, wie weit du dich selbst erfahren möchtest.

Um dir genau diese Erfahrung zukommen zu lassen, würde ich dich gern zu einem kleinen Experiment einladen. Nur wenn du selbst erkennst, wer du wirklich bist, kannst du die umfassende Magie deiner Möglichkeiten voll und ganz einsetzen.

Lass uns gemeinsam versuchen, vollständig in dein *Wahres Ich* einzutauchen. Betrachten wir es als ein Gedankenspiel, bei dem wir uns vorstellen, du hättest vollkommenen Zugang zu der allumfassenden Schöpfung, aus der du stammst. Hast du Lust?

MEDITATION
Komm mit auf deine eigene Reise

Stell dir vor, alles, was du in diesem Buch über meine Reise in die Unendlichkeit gelesen hast, sei *deine Reise* gewesen. Dieser unbeschreibliche namenlose Lehrer hätte dich gestern Nacht, während dein Körper schlief, besucht, um dir etwas Wichtiges zu zeigen. Er wäre plötzlich an deinem Bett erschienen und hätte dich eingeladen, ihn auf eine ganz besondere Reise zu begleiten. Stell dir vor, wie du deinen Körper einfach weiterschlafen lässt, um in das übergroße, hell strahlende Energiefeld deines Lehrers einzutreten. Lass dich von ihm in seine Arme nehmen, und spüre, wie gut sich das anfühlt und wie du dich ganz schnell entspannst. Sanft zieht er dich aus dem Raum, in dem dein Körper einfach weiterschläft, und mit jedem Atemzug wird alles in dir immer leichter und weiter.

Alles, was du bisher in deinem Leben als schwer und eng empfunden hast, fällt in seinen Armen ganz mühelos von dir ab, je mehr du dich in seine wundervolle Energie fallen lässt. Alle Sorgen lösen sich auf, Gedanken und Gefühle verlieren ihre Bedeutung. Nichts ist mehr wichtig, außer, dass du dich von ihm immer weiter in eine bedingungslose Leichtigkeit hineintragen lässt. Raum und Zeit verlieren an Bedeutung, und es ist nur noch wichtig, dass du dich ausdehnen kannst.

Während du das wahrnimmst, fällt dir auf, dass du dich gleichzeitig auch mit allem verbinden kannst, was sich um dich herum befindet. Hier scheint alles wie von Zauberhand zu geschehen, denn dein Lehrer möchte dir etwas überaus Wichtiges bewusst machen. Er möchte dir zu der Erfahrung verhelfen, dass du viel, viel mehr bist, als du es bisher für möglich gehalten hast. Die Wirklichkeit, in die du gerade auf so magische Weise eintauchst, ist bedingungslos und lässt sich allein durch dein eigenes Bewusstsein steuern. Richte deine Aufmerksamkeit nun darauf, die Hauptqualität deines Wahren Ichs zu erfahren. Wahrscheinlich wirst du sehr schnell feststellen, wie du dich immer weiter und weiter ausdehnst und in einen Zustand gleitest, der sich deinem Bewusstsein öffnet. Da befindest du dich nämlich in den Feldern der unendlichen Möglichkeiten, und es ist ganz gleichgültig, wohin du dich von hier aus bewegen möchtest – ein einziger Gedanke reicht aus, und du kommst dorthin.

Alles, was du hier wahrnimmst, besteht aus unendlich vielen Farben, Frequenzen, Schwingungen und Qualitäten, die alle miteinander auf unbeschreibliche Weise in Resonanz stehen und verwoben sind, und du bist ein grandioser Teil davon. Du erkennst, dass alles in dir und um dich herum nur aus sehr hoher Schwingung besteht, und hast trotzdem noch ein klares Gefühl für dich selbst.

Plötzlich verstehst du auch, was dich mit allem um dich herum verbindet: Bewusstsein! Ganz gleichgültig, wohin du blickst, egal, in welche Bereiche du eintauchen möchtest, alles, was dich umgibt, ist sich seiner selbst genauso bewusst wie auch du. Du weißt ganz genau, dass du ein Teil der Schöpfung bist und auf welche Weise du dich am liebsten ausdrücken möchtest.

Aus dieser Grenzenlosigkeit deiner selbst heraus hast du vor einiger »Zeit« einen Anteil deines wundervollen Wesens auf die Erde und in einen menschlichen Körper entsandt, um mit seiner Hilfe wertvolle Erfahrungen in der Dualität zu machen und ein Gefühl für Raum und Zeit bekommen. Dieser Teil von dir befindet sich gerade auf einer Reise des »Vergessens«, denn er weiß nicht mehr, dass er vollkommen mit dir und der Quelle verbunden ist. Stattdessen ist er in eine Welt der Gegensätze eingetaucht. Damit sich dieser Teil von dir an das »Menschsein« anpassen konnte, legte sich schon früh ein denkender Verstand um sein strahlendes Lichtfeld und gab ihm dadurch Sicherheit und Orientierung in seiner neuen Welt. Im Laufe seines Lebens wurde aus einer hauchdünnen Schicht wahrscheinlich eine dichte Kugel, die ihn immer mehr vergessen ließ, woher er einst kam. Du selbst weißt natürlich immer, wo er sich auf seiner abenteuerlichen Reise befindet und hast ihn dabei immer liebevoll begleitet. Du warst an all seinen Erfahrungen beteiligt, denn so etwas wie Trennung gibt es für dich nicht.

Vielleicht magst du deine Aufmerksamkeit jetzt einmal genau auf diesen Teil von dir richten? Vielleicht möchtest du sogar die Kugel, in der sich dieser kleine Mensch befindet, einmal ganz bewusst in deine Hände nehmen? Die Kugel enthält eine Welt der Gegensätze, der Gefühle und Gedanken, die dieser Mensch, mit dem du so tief verbunden bist, für real hält. Wäre vielleicht genau jetzt der perfekte Zeitpunkt, diesem Teil von dir zu helfen, sich an dich zu erinnern? Genau jetzt könntest du ihm helfen, aus seinem Traum aufzuwachen, damit er all die Begrenzungen, die er für seine Wirklichkeit hält, als Illusionen erkennen kann? Dieser kleine Mensch in seiner Kugel hat nämlich einfach nur vergessen, dass er einst ein großartiger Teil von etwas viel Umfassenderem war und in Wirklichkeit mit all den unendlichen Möglichkeiten der Quelle verbunden ist.

Darf ich dich jetzt dazu einladen, diesem menschlichen »kleinen Ich« einmal ganz sachte und zart »Erinnere dich!« ins Ohr zu flüstern? Vielleicht magst du ihm all die Liebe und Wertschätzung zukommen lassen, die du für ihn empfindest, damit er dich fühlen kann? Du könntest ihm davon erzählen, dass das meiste, von dem er überzeugt ist, nicht der Wahrheit entspricht. Erzähle ihm davon, dass er nie etwas falsch gemacht hat und dass ihm nichts fehlt. Er trägt keine Schuld und muss auch für nichts und niemanden büßen. Sag ihm, dass es niemanden gibt, der ihn bewertet oder über ihn urteilt, und ganz besonders erzähle ihm davon, dass du ihn niemals, wirklich niemals vergessen hast!

Ganz bestimmt lauscht er deinen Worten sehr aufmerksam, denn sie klingen wie Magie für ihn. Deine Worte hören sich für ihn wie der göttliche, kosmische Chor an, dessen Schwingung er in jeder seiner Zellen gespeichert hat. Sag ihm, wie sehr du ihn liebst und wie stolz er auf sich sein kann, dass er sich auf so eine abenteuerliche Reise eingelassen hat. Erinnere ihn an seine Heimat und dass er seine Kugel ausdehnen kann! Er selbst kann sie ausdehnen und sich wieder an alles erinnern, wenn er begreift, dass er in Wirklichkeit niemals getrennt war. Er ist nach wie vor reinste, bedingungslose Liebe. Er war niemals etwas anderes und wird auch niemals etwas anderes sein können als Liebe! Da er ein Teil von dir ist, ist er auch mit allem verbunden, wonach er sich so sehr sehnt.

Was wäre, wenn du jetzt alles in die Kugel fließen lassen könntest, was er braucht? Die Liebe, die er in sich selbst nicht finden kann, die Verbundenheit, nach der er sich so sehr sehnt, und die Wertschätzung, die du für ihn empfindest?

Wenn du möchtest, könntest du jetzt auch einmal deinen Blickwinkel ändern und in die Rolle des kleinen Menschen schlüpfen, der sich innerhalb seiner Kugel befindet. So kannst du spüren, wie sehr dich dein *Wahres Ich* vollständig umgibt und sogar durchdringt. Du fühlst die bedingungslose Liebe und Wertschätzung, die es für dich empfindet. Nimm sie an! Atme all diese Qualitäten tief in dich und deinen Körper hinein, und lass dich voll und ganz in diese Qualitäten fallen.

Das bist du wirklich!

Du bist innen und außen zugleich. Du bist innerhalb deiner Blase und auch außerhalb von ihr, denn Trennung ist nur eine Illusion. Du bist ALLES und mit ALLEM verbunden. Du warst es schon immer und wirst es auch immer sein. Du bist dein *Wahres Ich*, und zeitgleich bist du auch der Mensch, der in seinem Körper Erfahrungen machen möchte. Du bist grenzenlos und mit allem verbunden, auch wenn du das bisher vergessen hattest. Du bist die Schöpfung! Sie drückt sich in jedem Moment durch dich aus. Es ist nicht anders möglich!

Es ist der Sinn deines Lebens, genau das zu erkennen und es auch zu erfahren. Der Sinn deines Lebens besteht darin, dich selbst zu finden, und du selbst bist viel, viel mehr als das, was du bisher von dir geglaubt hast. Du bist ein WUNDER! Du bist ein Wunder in einem menschlichen Körper, denn du besitzt ein Bewusstsein, das du jederzeit ausdehnen und erweitern kannst. Du kannst mit deinem Bewusstsein jeden nur erdenklichen Blickwinkel einnehmen, den du möchtest. Du kannst mit deiner Aufmerksamkeit deine Wirklichkeit steuern und verändern! Jederzeit! Du bist Innen und Außen zugleich, und vielleicht erkennst du dadurch, dass es in Wirklichkeit gar kein Innen und Außen gibt. Alles ist mit allem verbunden – DURCH DICH! Du hattest es nur vergessen.

Das ist gemeint, wenn wir von Selbstliebe sprechen! Dich selbst wirklich zu lieben hat nichts damit zu tun, dass du dir irgendwelche positiven Sätze wie ein Mantra vorsagst.

Selbstliebe ist viel mehr als ein WORT.
Selbstliebe ist auch viel mehr als ein reines GEFÜHL.
Selbstliebe ist die ERKENNTNIS, wie wundervoll du bist.
Selbstliebe ist die ANERKENNUNG dir selbst gegenüber.
Selbstliebe ist WERTSCHÄTZUNG für dich selbst.
Selbstliebe ist ERFÜLLUNG durch dich selbst.

Bitte erinnere dich: Nichts existiert außerhalb von dir!

Frieden mit sich selbst schließen

Die schönste Erfahrung war für mich, neben all den vielen anderen Erkenntnissen, dass das Leben LEICHT IST! Es wird zu einem Wunder, wenn wir endlich damit aufhören, von außen die Erfüllung unserer Sehnsüchte zu erwarten.

Sobald wir damit beginnen, Frieden mit uns zu schließen, und uns selbst liebevoll als den Mittelpunkt unseres Lebens erkennen, wird es leicht.

Was fühlt sich für dich gut an? Was macht dir Freude, und an was glaubst du? Wovon bist du überzeugt? Als ich mir selbst all diese Fragen immer und immer wieder stellte, bemerkte ich schnell, dass ich fast alles in »das ist gut« und »das ist falsch« eingeordnet hatte. Die Welt ist voll von Regeln, die irgendwann einmal irgendwer für sich selbst aufgestellt hat und die sich dann verbreiteten. Regeln, die sich etablierten, und Regeln, die als unumstößlich gelten. Wenn ich glaube, dass es so etwas wie Sünde oder Schuld gibt, dann werde ich natürlich recht behalten. Dann stelle ich eine übergeordnete Macht auf einen unsichtbaren Thron und kann mich dadurch selbst klein und ohnmächtig fühlen. Ich werde dann immer allergrößte Angst davor haben, etwas falsch zu machen. Doch ist das, was wir glauben, wirklich wahr? Ist es nicht so, dass es einst eine Zeit gab, in der es als unumstößliche Realität angesehen wurde, dass die Erde eine Scheibe ist? Ist jemand, der an viele Götter glaubt oder die Gottesvorstellung für sich ablehnt, ein geringeres Wesen als ein Christ? Ist es wirklich wahr, dass der Körper im Alter gebrechlich werden wird oder dass wir unseren Todeszeitpunkt nicht selbst bestimmen können? Stimmt es wirklich, dass wir in einem Karmakreislauf gefangen sind, oder ist das vielleicht einfach nur mal wieder ein Grund, um sich weiterhin als »Opfer der Umstände« fühlen zu können? Sind die Überzeugungen, nach denen wir uns richten, wirklich wahr, oder übernehmen wir einfach nur immer und immer wieder irgendwelche fremden, überlieferten Vorstellungen, ohne sie zu hinterfragen?

Ich selbst folge in meinem Leben mittlerweile keinen traditionellen Vorstellungen, keinen To-do-Listen mehr, geschweige denn, dass ich mich bestimmten Methoden oder Richtlinien anpassen würde. Ich handle vielmehr immer aus dem jeweiligen Moment heraus und immer so, wie es sich für *mich* gerade richtig anfühlt. Für mich ist das Leben ein einziges Wunder in seiner Vielfalt und Wandelbarkeit, und ich selbst wandle mich ständig mit.

Das Leben an sich ist ein unfassbares Geschenk!
Wenn wir auch nur einen Bruchteil seiner Möglichkeiten nutzen, sind wir die REICHSTEN und ERFÜLLTESTEN Menschen.

Ich wünsche dir aus ganzem Herzen, dass du dich an die Leichtigkeit der Liebe erinnerst, die in dir wohnt.

Ich wünsche dir aus ganzem Herzen, dass du dich als genau das göttliche Wesen erkennst, das du schon immer warst und immer sein wirst.

Du bist ein Wunder, der Körper, in dem du dich befindest, ist ein Wunder, und auch die Welt um dich herum ist ein Wunder.

Wenn du dein Bewusstsein für all seine Möglichkeiten öffnest, kann es nämlich gar nichts anderes sein als ein einziges, nie endendes WUNDER!

Du lebst hier in diesem Moment, atmest ein und erfasst mit deinen Augen jeden Buchstaben dieser Zeile. Du atmest aus und wartest gespannt auf das, was nun gleich folgen wird.

Ganz nebenbei hörst du vielleicht das leise Ticken einer Uhr oder andere Geräusche, die deine Ohren empfangen, und atmest dabei ein. Etwas tiefer als eben. Deine Lungen erinnern an Flügel – könnten es Schmetterlingsflügel sein oder gar Engelsflügel? Du atmest aus. Dieses Mal sanfter. Dein Herz pumpt Blut durch deine Adern, deine Zellen teilen sich, und vielleicht spürst du sogar das stetige Vibrieren der Goldpunkte in deinem Körper? Du atmest wieder ein – schon etwas bewusster als eben.

»Auf was mag das hier hinauslaufen, was ich da lese?«, fragst du dich, während deine Augen die Worte verfolgen, und du atmest wieder aus. Du bist im MOMENT. Merkst du das? Du bist aufmerksam. Du bist jetzt in diesem Moment bei den Zeilen auf dieser Seite, und gleichzeitig nimmst du deinen Körper wahr.

Jeder einzelne Moment ist einzigartig, und aneinandergereiht ergeben die Momente unser Leben. Wir erleben unzählige wertvolle Momente, jedoch meist, ohne sie wirklich zu bemerken, und ganz nebenbei atmet, fließt und erneuert es sich in uns.

Alles an und in dir ist ein Wunder, und du hast die Macht, dein Bewusstsein, deine Aufmerksamkeit auf dieses Wunder zu lenken. Deine Schwingung fließt und verändert sich – ununterbrochen. Was du noch vor wenigen Augenblicken warst, bist du bereits nicht mehr. Du bist ein neues Ich. Und in ein paar Augenblicken wirst du wieder ein neues Ich sein, denn du bist Schwingung. Und in ein paar Minuten spielt es keine Rolle mehr, wer du jetzt gerade bist, denn dann bist du schon wieder ein neues Ich. Dein Körper schwingt anders als jetzt, und du richtest deine Aufmerksamkeit auf etwas anderes. Vielleicht hast du dann sogar eine Entscheidung getroffen, die alles Bisherige überschreibt, oder du beginnst, dich in dich selbst zu verlieben. Wer weiß das schon?

Nun sind wir schon fast am Ende unserer gemeinsamen Reise, und doch ist es auch wiederum ein Anfang. Für dich genauso wie für mich. Ich brauchte fast zehn Jahre und einige sehr liebevolle, aufmunternde Schubser meiner netten Lektorin, um dieses Buch für dich zu schreiben, denn ich hatte Angst. Angst, keine Worte zu finden, die alldem gerecht werden könnten, was ich erfahren hatte, und auch Angst davor, mit meinem größten, sehr persönlichen Erfahrungsschatz an die Öffentlichkeit zu gehen. Doch von Moment zu Moment, in denen sich diese Seiten fast von selbst schrieben, erkannte ich das Wunder und die Magie darin. Für uns beide!

Weißt du, das Leben legt uns sehr oft magische Geschenke in unsere Hände, und es liegt immer an uns, ob wir sie annehmen oder ablehnen. Auch dieses Buch ist so ein Geschenk, und ich bin überaus glücklich, dass ich es für dich schreiben durfte.

Auch DU bist ein solches Geschenk! Du bist ein Wunder und kannst alles sein, von dem du bisher glaubtest, es sei nicht möglich! Vergiss das bitte niemals!

Ich wünsche dir von Herzen, dass all die wertvollen Samen in dir reifen werden, sie in deinem Tempo aufgehen und dir die wundervollsten Früchte präsentieren. Auch wenn das hier nur Worte waren, so hatten sie vielleicht die Macht, etwas unendlich Wertvolles in dir zum Klingen zu bringen.

In Liebe und Hochachtung für dich und deine Schöpfung
Anke

Hier kommt nun dein Weckruf, geliebtes Ich

Du bist FREI!
Frei zu tun, was immer dir Freude bereitet und dein Herz zum Jubeln bringt. Entscheide dich für dich, und sage JA zu dir!

Du bist FREI!
Frei, von allem loszulassen, was dich einengt, denn niemand hat dir etwas aufgebürdet. Außer du selbst. Entscheide dich dazu, frei zu sein! Du bist es längst.

Du bist FREI!
Frei, deine eigene Wahrheit zu finden, eigene Entscheidungen zu treffen und nach ihnen zu handeln. Entscheide dich dazu, ab sofort die Verantwortung für dein Leben zu übernehmen, und wähle, wie du es gestalten möchtest.

Du bist FREI!
Du bist frei, deine Aufmerksamkeit ab sofort auf die Leichtigkeit zu richten, die dein Körper und deine Gefühle dir erzählen.
Entscheide dich dazu, ab jetzt deine eigene Wahrheit zu leben und auszudrücken. Du bist es WERT!

Du bist FREI!
Frei, ab sofort dein Leben *mit dir* gemeinsam zu leben, statt gegen dich. Lege die Waffen nieder, die du gegen dich selbst gerichtet hast, und schließe Frieden.
Alles andere kommt ganz von allein!

Du und ich

Für mich sind die Wunder, die ich als multidimensionales Bewusstsein erfahren habe, zur physischen Realität geworden. Am glücklichsten bin ich jedoch, wenn ich andere Menschen auf dem Weg zu sich selbst unterstützen kann. Ich liebe es, meine Erfahrungen in Seminaren und Workshops mit Menschen zu teilen und ihre Wandlung live miterleben zu dürfen. Nichts erfüllt mich mehr, denn ich erkenne in jedem Einzelnen von ihnen mich selbst.

Wenn auch du mit mir verbunden bleiben möchtest, findest du ganz viele Möglichkeiten zur Vernetzung und zu all meinen Angeboten auf meiner Webseite:

www.anke-evertz.com

Ich freue mich auf dich und auf unseren gemeinsamen Weg
in das kollektive Erwachen!

Deine Anke